D1557124

ABAD JULIO

ORACIONES MÁGICAS

EDICIONES OBELISCO

Si este libro le ha interesado y desea que le mantengamos informado de nuestras publicaciones, escríbanos indicándonos qué temas son de su interés [Astrología, Autoayuda, Ciencias Ocultas, Artes Marciales, Naturismo, Espiritualidad, Tradición...] y gustosamente le complaceremos.

Puede consultar nuestro catálogo en www.edicionesobelisco.com

Colección Libros Singulares
ORACIONES MÁGICAS
Abad Julio

1.ª edición: octubre de 2010

Título original: *Prières merveilleuses*

Traducción: *Amalia Peradejordi*
Maquetación: *Marta Rovira*
Corrección: *M.ª Jesús Rodríguez*
Diseño de cubierta: *Enrique Iborra*

© 2010, Ediciones Obelisco, S. L.
(Reservados los derechos para la presente edición)

Edita: Ediciones Obelisco S. L.
Pere IV, 78 (Edif. Pedro IV) 3.ª planta, 5.ª puerta
08005 Barcelona - España
Tel. 93 309 85 25 - Fax 93 309 85 23
E-mail: info@edicionesobelisco.com

Paracas, 59 C1275AFA Buenos Aires - Argentina
Tel. (541-14) 305 06 33 - Fax: (541-14) 304 78 20

ISBN: 978-84-9777-685-1

parte I

Las siete oraciones misteriosas

*Para estar a salvo
de todo tipo de peligros,
males, infortunios o de
accidentes cualesquiera.*

Domingo

† Líbrame, Señor, a mí [...] tu criatura, de todos los
males pasados, presentes y venideros, tanto del alma
como del cuerpo; dame, por tu bondad, la paz y la
salud y seme propicio. Te lo pido por mediación de
la bienaventurada Virgen María, de tus santos apóstoles Pedro, Pablo, Andrés y de todos los Santos.
Concédeme la paz y la salud durante mi vida, a fin
de que con la ayuda de tu misericordia no me con-
vierta jamás en esclavo del pecado, ni tenga que temer ningún trastorno. Te conjuro por Jesucristo, tu

Hijo, Nuestro Señor que, siendo Dios, vive y reina en la unidad del Espíritu Santo por los siglos de los siglos. ¡Así sea!

Que la paz del Señor esté siempre conmigo. ¡Así sea!

Que esta paz celestial, Señor, que dejaste a tus discípulos, permanezca siempre entre yo y mis enemigos, tanto visibles como invisibles. ¡Así sea!

Que la paz del Señor, que su alma y su sangre me ayuden, me consuelen y me protejan en mi alma y en mi cuerpo. ¡Así sea!

† Cordero de Dios que te dignaste a nacer de la Virgen María, ten piedad de mi alma y de mi cuerpo.

† Cordero de Dios, sacrificado para la salvación del mundo, ten piedad de mi alma y de mi cuerpo.

† Cordero de Dios, por el que todos los fieles son salvados, concédeme tu paz y que ésta permanezca siempre en mí, tanto en esta vida como en la otra. ¡Así sea!

Lunes

† ¡Oh, gran Dios! por el que todas las cosas han sido libradas. Líbrame también a mí de todo mal.

¡Oh, gran Dios! que concediste tu consuelo a todos los seres, consuélame en mi aflicción.

¡Oh, gran Dios! que socorriste y amparaste todas las cosas, ayúdame y socórreme en todas mis necesidades, mis miserias, mis empresas y mis peligros; líbrame de todas las oposiciones y emboscadas de mis enemigos tanto visibles como invisibles.

† En nombre del Padre que ha creado el mundo, † en nombre del Hijo que lo ha redimido,

† en nombre del Espíritu Santo que ha realizado la ley en toda su perfección; me cobijo entre tus brazos y me pongo enteramente bajo tu protección.

† Que la bendición de Dios, Padre Todopoderoso, quien con sólo su palabra ha creado todas las cosas, esté siempre conmigo. ¡Así sea!

† Que la bendición de Nuestro Señor Jesucristo, Hijo del Gran Dios viviente, esté siempre conmigo. ¡Así sea!

† Que la bendición del Espíritu Santo, con sus siete dones, esté siempre conmigo. ¡Así sea!

† Que la bendición de la Virgen María, junto con la de su divino Hijo, esté siempre conmigo, su servidor. ¡Así sea!

Martes

† Que la bendición, que hiciera Nuestro Señor Jesucristo al consagrar el pan y repartirlo entre sus discípulos, diciéndoles: Tomad y comed todos, ya que éste es mi cuerpo que será entregado para el perdón de todos los pecados, esté siempre conmigo [...] pobre pecador. ¡Así sea!

† Que la bendición de los santos Ángeles, Arcángeles, Virtudes, Poderes, Tronos, Dominaciones, Principa-

dos, Querubines y Serafines, esté siempre conmigo. ¡Así sea!

† Que la bendición de los Patriarcas, Profetas, Apóstoles, Mártires, Confesores y de todos los Santos de Dios, esté siempre conmigo. ¡Así sea!

Que la bendición de todos los Cielos de Dios esté siempre conmigo.

Que la majestad de Dios Todopoderoso me sostenga y me proteja; que su eterna bondad me guíe; que su caridad sin límites me enardezca.

Que el poder del Padre me conserve; que la sabiduría del Hijo me vivifique; que la virtud del Espíritu Santo medie siempre entre yo y mis enemigos, tanto visibles como invisibles. ¡Así sea!

† Poder del Padre, fortaléceme; † sabiduría del Hijo, alúmbrame; † consuelo del Espíritu Santo, consuélame. El padre es la paz, el Hijo es la vida, el Espíritu Santo es el remedio, el consuelo y la salvación.

Que la divinidad de Dios me bendiga, que su piedad me enardezca, que su amor me devore. ¡Así sea!

Miércoles

† ¡Oh, Jesucristo!, Hijo del gran Dios viviente, ten piedad de mí. ¡Oh, Emmanuel!, defiéndeme contra el enemigo maligno y contra todos mis enemigos, tanto visibles como invisibles y líbrame de todo mal.

Dios hecho hombre, que sufriste pacientemente por todos nosotros, Jesucristo Rey, venid en paz.

† Jesucristo ordena, † Jesucristo reina, † Jesucristo triunfa.

Que Jesucristo, Rey benevolente, esté siempre entre mis enemigos y yo para defenderme. ¡Así sea!

Que Jesucristo se digne concederme la gracia para triunfar sobre todos mis adversarios. ¡Así sea!

Que Jesucristo me libere continuamente de todos mis males. ¡Así sea!

† He aquí la cruz de Nuestro Señor Jesucristo. Huid al ver-la, enemigos. El león de la tribu de Judá ha triunfado. Raza de David, ¡Aleluya! ¡Aleluya! ¡Aleluya!

Salvador del mundo, socórreme sálvame, tú que me has redimido por tu cruz y tu valiosa sangre; socórreme, te lo conjuro, ¡oh, Dios mío!,

† Agios Ischyros, † Agios Athanatos, Eleison Himas: Dios Santo, Dios Fuerte, Dios Inmortal, ten piedad de mí, tu criatura.

Sé mi sostén, Señor, no me abandones, no rechaces mis plegarias. Dios de mi salvación, ayúdame siempre. ¡Así sea!

Jueves

† Señor, ilumina mis ojos con verdadera luz a fin de que el sueño eterno no los cierre, por temor a que mi enemigo no pueda decir que tiene ventajas sobre mí.

Mientras el Señor esté conmigo, no temeré en absoluto la maldad de mis enemigos.

¡Oh, dulcísimo Jesús!, † consérvame, † ayúdame, † sálvame. ¡Así sea!

Que a la sola pronunciación del nombre de Jesús, toda rodilla se doblegue en el cielo, en la tierra y en los infiernos.

Sé, sin lugar a dudas, que en cuanto invoque al Señor, cualquier día y a cualquier hora estaré salvado.

† Dulcísimo Señor Jesucristo que has hecho tan grandes milagros con la única fuerza de tu precioso Nombre y que has enriquecido con tanta abundancia a los indigentes puesto que, por esta fuerza, los demonios huían, los ciegos veían, los sordos oían, los cojos andaban, los mudos hablaban, los enfermos sanaban, los leprosos eran purificados, los muertos resucitaban; pues tan pronto pronunciemos únicamente el dulcísimo nombre de Jesús, los oídos se encantan y embelesan y la boca se llena de lo más dulce; con esta sola pronunciación, los demonios desaparecen, todas las rodillas se doblegan, todas las tentaciones, incluso las peores, son arrancadas, todas las enfermedades son curadas; todas las peleas, y combates que existen por el mundo, la carne y el diablo son disipados; y el corazón se llena de todos los bienes celestiales; porque cualquiera que haya invocado, invoque o vaya a invocar este santo Nombre de Jesús, ha sido, es y será siempre salvado; yo también te invoco y te pido: † Jesús, hijo de David, ten piedad de mí [...] tu servidor. ¡Así sea!

Viernes

† ¡Oh, dulce Nombre de Jesús! Nombre que fortalece el corazón del hombre; Nombre de vida, de salvación y de alegría; precioso Nombre, glorioso y agradable; Nombre que fortifica al pecador; Nombre que salva, conduce, gobierna y lo conserva todo; que te agrade, pues, dulcísimo Jesús, por la fuerza de este mismo Nombre, alejar de mí […] tu humilde servidor todos los malos espíritus; ilumíname a mí, que estoy ciego; a mí que estoy sordo, disipa mi sordera; levántame, a mí que estoy cojo; devuélveme el habla, a mí que estoy mudo; a mí, que soy pecador, cura mi lepra; dame la salud, a mí que estoy enfermo; y resucítame, a mí que estoy muerto; devuélveme la vida y rodéame por todas partes, tanto por dentro como por fuera, con el fin de que estén siempre en ti, alabándote, honrándote porque toda alabanza te es debida ya que eres el único digno de gloria.

El Señor es el Hijo eterno de Dios; gracias a Él, todas las cosas permanecen en la alegría y son gobernadas con justicia.

† Que Jesús esté siempre en mi corazón y en mis entrañas. ¡Así sea!

† Que Jesús se encuentre siempre dentro de mí para vivificarme; que esté a mi alrededor para conservarme; que esté ante mí para guiarme; que esté tras de mí para cuidarme; que esté cerca de mí para bendecirme; que esté debajo de mí para fortalecerme;

que esté siempre conmigo para librarme de todas las penas y de la muerte eterna.

† Alabanzas, honor y gloria sean rendidas a Jesús por los siglos de los siglos. ¡Así sea!

Sábado

† Jesús, Hijo de María, salvación del mundo, seme favorable, dulce y propicio; concédeme un espíritu santo y voluntarioso a fin de que así te devuelva el honor y el respeto que te corresponde, a ti que eres el Libertador del mundo, que has sido, eres y serás siempre Dios y hombre, principio y fin.

Jesús de Nazaret, Rey de los judíos, Hijo de la Virgen María, ten piedad de mí [...] pobre pecador; guíeme tu dulzura habitual por el camino de la salvación eterna. ¡Así sea!

Ahora bien, al pasar, Jesús iba entre ellos y nadie puso sobre él su mano asesina porque su hora no había llegado todavía [...]

Y Jesús, conociendo lo que iba a sucederle, se acercó a ellos y les dijo: ¿A quién buscáis? Le respondieron: A Jesús de Nazaret. Y Judas, que debía entregarlo, estaba con ellos. En cuanto les dijo que era él, cayeron al suelo, trastornados. Y Jesús les preguntó sin rodeos: ¿A quién buscáis? Y volvieron a responderle: A Jesús de Nazaret. Jesús les contestó: Ya os he dicho que era yo; si es a mí a quien buscáis, dejadlos ir a ellos [refiriéndose a sus discípulos] [...]

La lanza, los clavos, las espinas, la cruz, la muerte que he sufrido, demuestran que he borrado y expiado los crímenes de los miserables.

Líbrame, Señor Jesucristo, de todas las plagas de la pobreza y de las trampas de mis enemigos.

Que las cinco llagas de Nuestro Señor Jesucristo me sirvan continuamente de remedio.

Jesús es el Camino, Jesús es la Verdad, Jesús es la Vida.

† Jesús que has sufrido, † Jesús que has sido crucificado, † Jesús que has resucitado, ten piedad de mí.

Que estas plegarias que te he hecho me protejan, ¡oh, Jesús!, eternamente contra mis enemigos, contra todo mal y todo peligro. ¡Así sea!

parte 2

Otras
oraciones
y plegarias

Plegaria para antes de emprender un viaje importante

† Que el Señor todopoderoso y misericordioso me guíe y me conceda un viaje de paz y de dicha; que el Arcángel Rafael me acompañe en mi camino para que vuelva a casa con la paz, la salvación y la alegría.

Señor, ten piedad de mí, Cristo, ten piedad de nosotros, Señor, ten piedad de todos.

Pater noster, etc.

Dios mío, salva a tu servidor que en ti espera.

Desde lo alto, envíame, Señor, el auxilio y dígnate a defenderme.

Sé para mí, Señor, como una torre inexpugnable para protegerme contra cualquier enemigo.

Que ningún enemigo pueda avanzar contra mí y que el hijo del Mal no pueda acercarse a mí para dañarme.

Que el Señor sea bendecido hoy y cada día y que el Dios de mi Salvación haga dichoso mi viaje.

Muéstrame tus caminos, Señor, y enséñame tus senderos. Que te complazca dirigir mi viaje dentro de la práctica de tus justas leyes.

Que las malas carreteras se tornen buenas, que las quebradas se aplanen.

Dios mío, recomienda a tus ángeles que nos conserven en todas tus vías.

¡Oh, Dios mío!, tú que hiciste atravesar a pie el mar Rojo a los hijos de Israel, tú que, por medio de una estrella, indicaste a los tres reyes Magos un camino para llegar hasta ti, concédeme, te lo ruego, un feliz viaje y un tiempo favorable con el fin de que bajo la custodia de tu Santo Ángel, llegue felizmente al lugar hacia el que dirijo mis pasos y después al puerto de la salvación eterna.

¡Oh, Dios mío!, tú que a través de las distintas vías de peregrinaciones mantuviste, aquí abajo, sano y salvo a Abraham, tu hijo, al que hiciste salir de su país, Ur, en Caldea, dígnate, te lo ruego, proteger a [...] tu servidor. Sé para mí, Señor, una protección en esta expedición que preparo, un consuelo en mi camino, una sombra contra la fogosidad del sol, un abrigo contra la lluvia y el frío, un carro en mi cansancio, una defensa a la hora de la adversidad; un bastón en los caminos difíciles, un puerto seguro contra el naufragio, a fin de que bajo tu dirección, arribe sin estorbos al fin de mi viaje y vuelva luego sano y salvo hacia mi hogar.

Sé, te lo ruego, favorable a mi plegaria: transforma este viaje en propicio para mi salvación y concédeme ayuda y protección contra todos los infortunios del viaje y de la vida.

Señor Todopoderoso, te lo suplico, haz que […] tu servidor, camine con paso firme por la vía de la salvación y que, siguiendo el ejemplo de Juan, el precursor, llegue por fin hacia aquel que él anunciaba y predicaba, Nuestro Señor Jesucristo, tu Hijo que junto a ti, vive y reina en la unidad. † Vayamos en paz, en el nombre de Jesús. ¡Así sea!

Plegaria en la adversidad y contradicciones de la vida

† Permaneced en reposo, les dijo Jesús y reconoced mi poder y mi divinidad.

† Soy yo quien dobla el arco, rompe las armas y arroja los escudos al fuego.

† Entonces mi gloria estallará entre las naciones y seré glorificado en toda la Tierra. ¡Así sea!

Plegaria en un grave peligro

Esta plegaria también se dice para conocer a los criminales y a sus cómplices.

† ¡Oh, Señor Jesucristo!, Hijo del gran Dios viviente, eres tú quien, a la hora de tu pasión, dijiste a los que querían prenderte: ¿A quién buscáis, pues? Ante tu palabra, cayeron trastornados al instante y la cara contra el suelo. Dígnate, te lo ruego Señor, librarme del mismo modo de todos mis enemigos y de sus malvados designios, diciéndoles: Dejad partir sano y salvo a […] que es mi criatura.

† Que no puedan hacerme ningún daño, ni ahora ni en el futuro.

† Por Jesús que vive y reina † con Dios el Padre † en la unidad del Espíritu Santo. ¡Así sea!

† ¡Bendito y alabado sea por siempre Nuestro Señor Jesús!

Salmo 18
Tras la curación de una enfermedad grave

Cuando se ha obtenido la curación de fiebres cerebrales, de dolores reumáticos o de cualquier otra enfermedad grave, no omitir el recitar el salmo siguiente durante doce días.

Los cielos cuentan la gloria de Dios y el espacio infinito promulga la obra de sus manos.

El día lanza su palabra al día que sigue y la noche da su ciencia a la otra noche.

No hablan ni discurren y, sin embargo, su voz se comprende claramente.

El sonido de esta voz ha invadido toda la tierra y esta palabra llega hasta los últimos confines del universo.

En el Sol ha plantado su tienda y él mismo es quien avanza como un esposo fuera del lecho nupcial.

Parte desde la extremidad del cielo y como un gigante se lanza para recorrer su carrera.

Y su carrera va hasta la otra extremidad del cielo; no hay nadie que pueda escapar a sus ardientes rayos.

La ley del Señor es pura, convierte las almas; el testimonio del Señor es fiel, otorga la sabiduría a los pequeños. La justicia del Señor es recta, alegra todos los corazones; los mandatos del Señor son límpidos, iluminan todos los ojos.

El temor del Señor es santo, dura eternamente; los juicios del Señor están llenos de verdades, se justifican por sí mismos.

Son más deseables que el oro y las piedras preciosas; más dulces que la miel y su dulce rayo.

Pues vuestro servidor los custodia con cuidado: al cuidarlos, la recompensa es bella.

¿Quién conoce bien sus faltas? Purifícame de aquellas que permanecen ocultas y preserva a tu servidor de las de los demás.

Si no me dejo dominar por las mías, entonces permaneceré sin mancha; estaré limpio al menos de todo pecado grave.

Y las palabras de mi boca llegarán a gustarte y el pensamiento de mi corazón estará siempre contigo.

Señor, sé mi ayuda, mi redentor.

Oración contra las llagas y las úlceras

Pronunciar 3 veces sobre la llaga las palabras siguientes:

† Cristo ha nacido.
† Cristo ha muerto.
† Cristo ha resucitado.
Dios mismo es el que manda:
Llaga, ciérrate; Dolor agudo, pásate;
Mala sangre, párate; Y que no se descompongan ni huelan como hicieron las cinco llagas de Nuestro Señor.
† En el nombre del Padre, † y del Hijo, † y del Espíritu Santo. ¡Así sea!

Salmo 123

Para curar todas las enfermedades de la sangre.

Si Dios no hubiese luchado por nosotros, Israel puede decirlo,
si Dios no hubiese evitado los golpes de los enemigos, siempre dispuestos a destruirnos,
el fuego de sus iras en la tumba nos hubiese devorado a todos,
y del torrente de las aguas, el desastroso delirio hubiese engullido nuestra alma y colmado su martirio. ¡Bendito sea Dios! del inocente,
A su diente asesino, no quiere entregar la sangre.

Como el pajarillo, nuestra alma prisionera escapa temblando, a las trampas que destruye el brazo del Todopoderoso.

En el nombre de Elohim, nuestra salvación se opera:

Es el Creador del Cielo y de la Tierra.

† Elizabeth dio a luz a Juan; Ana dio a luz a María; María dio a luz a Jesucristo.

† En el nombre de Jesús, flujo, deja de manar y abandona a [...] humilde servidor de Dios.

† En el nombre del Padre, † y del Hijo, † y del Espíritu Santo. ¡Así sea!

Plegaria a San Roque
contra cualquier enfermedad contagiosa

Ave Roche Sanctissime,	A ti, Roque, lleno de fe, te saludo;
Nobili natos sanguine,	Tú que naciste de una sangre noble,
Crucis signatus schemate	Marcado por el signo de la cruz
Sinistro tuo lacere	Al lado izquierdo de tu flanco.
Roche, peregre profectus,	¡Oh, Roque!, partes hacia el extranjero,
Pestiferos curas tacto	Curas la peste con el tacto,
Aegros sanas mirifice,	Todos los enfermos son curados
Tangendo salutifere.	A la señal: ¡pueblo reza y bendice!
Vale, Roche, Angelicae	Bajo la inspiración de la voz de un Ángel,
Vocis citatus flamine,	Te vuelves poderoso como Dios;
Qui potens es deifice,	Curas la peste
A cunctis pestem pelle.	En cualquier parte.

Señor, que prometiste, por mediación de un Ángel, al bienaventurado San Roque que cualquiera que lo invocase no sería alcanzado por el azote de la peste; haz que nosotros, que honramos su piadosa memoria, seamos librados por tus méritos de todo contagio mortal, tanto del alma como del cuerpo. ¡Así sea!

Plegaria contra los dolores de ojo

Esta plegaria es muy antigua; la damos con toda su sencillez. Nuestros padres la recitaban con fe y se encontraron bien.

† Monseñor San Juan, al pasar por aquí,
En su camino, tres Vírgenes halló,
Y a ellas les preguntó:
—¿Qué hacéis aquí?
—Curamos el dolor de ojo.
—Haced que el mal se vaya.
—¡Oh, Vírgenes!, curad con fervor el ojo de […] y su dolor.
Después, hay que hacer el signo de la cruz y soplar tres veces en el ojo del enfermo, diciendo:
† Dolor de ojo, fuego peligroso, fuego de cualquier índole, uñas, migraña o araña, te ordeno no tener más poder sobre este ojo que el que tuvieron los Judíos en el día de Pascua sobre el cuerpo de Nuestro Señor Jesucristo.

Después se hace de nuevo el signo de la cruz y se sopla en el ojo de la persona enferma, ordenándole decir tres *Pater* y tres *Ave*.

† En el nombre del Padre, † y del Hijo, † y del Espíritu Santo. ¡Así sea!

Plegaria contra las heridas

Esta plegaria, así como algunas de las siguientes, poseen por sí mismas la antigüedad y la fe de nuestros padres. También las mostramos tal cuales, con la esperanza de que, para las almas sencillas que las reciten con confianza, tengan la misma eficacia que antaño.

† En el nombre del Padre, † y del Hijo, † y del Espíritu Santo. ¡Así sea!

Doña Santa Ana, que diste a luz a la Virgen, quien dio a luz a Jesucristo, nosotros te invocamos.

Dios † te bendiga y † te cure [...] pobre criatura herida, y que en nombre de Jesús † sea restablecida la herida, la rotura, la molestia y todo tipo de herida, sea cual fuere. En honor de Dios, de la Virgen María, de los Señores San Cosme y San Damián. ¡Así sea!

Tres *Pater* y tres *Ave*.

Plegaria a Santa Apolonia

Contra las neuralgias y el dolor de muelas. En forma de cruz, soplad tres veces sobre la mejilla enferma y decid:

❋ 31 ❋

Santa Apolonia,
Bella y divina,
Estaba sentada al pie de un árbol,
Sobre la blanca piedra de mármol.
Jesús, nuestro Salvador,
Que, por fortuna, por allí pasó, Le dijo:
—Apolonia, ¿Quién te entristece?
—Estoy aquí, Divino Maestro, por dolor y no por tristeza:
Estoy por mi sangre y por mi cabeza,
Y por mi dolor de muelas.
Jesús le dijo:
—Apolonia, ten fe:
† Ante mi palabra, ¡oh, mal, apártate! † Si es una gota de
    sangre, secará; † Si es un gusano, al instante morirá.
Cinco *Pater* y cinco *Ave*, en honor de las cinco llagas
    del Salvador.

Oración a San Carlomagno

Esta oración, si hay que creer en una antigua tradición, fue encontrada en el sepulcro mismo de Nuestro Señor Jesucristo, y enviada en el año 802 por el papa León III al emperador Carlomagno, cuando partió con su armada para combatir a sus enemigos. Estaba escrita sobre pergamino en letras de oro y durante mucho tiempo fue cuidadosamente conservada en la abadía de Saint Michel de Francia. Tal vez, todavía la podríamos encontrar allí.

Cualquiera que lea esta oración, la oiga leer o la lleve consigo, no morirá de forma súbita, no se ahogará ni se quemará; ningún veneno le envenenará, ni caerá en manos de sus enemigos y no será vencido por ellos en las batallas.

Cuando una mujer sienta los dolores del parto, que lea esta plegaria, que la oiga leer o que la lleve consigo y dará a luz rápidamente y será siempre una madre tierna.

En cuanto el niño haya nacido, poned esta oración sobre su lado derecho y estará preservado de muchos males.

Aquel que lleve esta oración consigo no será atacado por la epilepsia. Cuando en la calle veáis caerse a una persona achacada de este mal, poned esta oración sobre su lado derecho y ella se alzará alegre.

Esta oración colocada en una casa preserva del rayo.

Aquel que lea esta oración o que haga que se la lean cada día, tres días antes de su muerte, será advertido por una señal.

Aquel que escriba esta plegaria para sí mismo o para otros «Lo bendeciré», dice el Señor. Aquel que se burle o la desprecie será castigado.

¡Oh, Dios Todopoderoso!, soportaste la muerte sobre el árbol patibulario de la cruz para expiar mis pecados.

† ¡Oh, Santa Cruz de Jesucristo!, estate siempre conmigo,

† Santa Cruz de Jesucristo, aparta de mí toda arma cortante.

† ¡Oh, Santa Cruz de Jesucristo, desvía de mí todo mal.

† ¡Oh, Santa Cruz de Jesucristo, derrama en mí todo bien para que pueda salvar mi alma.

† ¡Oh, Santa Cruz de Jesucristo aleja de mí todo el temor de la muerte y concédeme la vida eterna.

† ¡Oh, Santa Cruz de Jesucristo, cuídame y haz que los espíritus malignos, tanto visibles como invisibles, huyan ante mí, desde hoy y por los siglos de los siglos. ¡Así sea!

Tan cierto como que Jesús nació el día de Navidad, tan cierto como que Jesús fue circunciso, tan cierto como que Jesús recibió las ofrendas de los tres Reyes Magos, tan cierto como que Jesús fue crucificado en viernes santo, tan cierto como que José y Nicodemo sacaron a Jesús de la cruz y lo introdujeron en el sepulcro, tan cierto como que Jesús subió al cielo; que sea igualmente cierto que Jesús me resguarde y me vaya a resguardar de todo atentado de mis enemigos, tanto visibles como invisibles, desde hoy y por los siglos de los siglos. ¡Así sea!
¡Oh, Dios Todopoderoso!, bajo la protección de † Jesús, María, Joaquín, † de Jesús, María, Anna, † de Jesús, María, José, me pongo en vuestras manos. ¡Así sea!
¡Oh, Señor!, por la amargura que por mí sufriste en la Santa Cruz, sobre todo cuando tu alma se separó del cuerpo, ten piedad de mi alma cuando ésta sea separada de este mundo. ¡Así sea!

La oración blanca de los niñitos

¿Existe alguna creación más ingenua, más graciosa que aquella, antaño susurrada por nuestras buenas y ancianas abuelas, a nuestros jóvenes oídos cuando no éramos más que unos chiquillos?

«Esta oración blanca —nos decían— os llevará derechos al paraíso.» La repetíamos balbuceando y medio dormidos y, en efecto, muy pronto habíamos partido ya hacia el país de los ángeles y de los dulces sueños.

La citamos aquí a título de curiosidad y como una flor perfumada del pasado.

> Pequeña oración blanca,
> Que Dios hizo,
> Que Dios dijo,
> Que Dios puso en el Paraíso.
> Una noche, al irme a acostar,
> Tres bellos ángeles encontré,
> Levantados, cerca de mi cama:
> Uno al pie y dos en la cabecera,
> En medio, la Virgen María,
> Quien me dijo que me acostara
> Y que de nada me asustara.
> Dios es mi Padre,
> Y la Virgen mi madre,
> Los tres Apóstoles son mis hermanos
> Y las tres Vírgenes son mis hermanas.
> La camisa en la que Jesús nació
> Envuelve mi cuerpo;
> La cruz de Santa Margarita
> Sobre mi pecho está escrita.
> La Señora se va por los campos
> A Dios llorando,
> Después, encontrando
> A Monseñor San Juan:
> —Monseñor San Juan, ¿de dónde venís?
> —Vengo de *Ave Salus*.
> —¿No ha visto al buen Dios?

—Sí lo he visto; está en el árbol de la cruz,
Los pies colgando,
Las manos clavadas,
Una pequeña corona de espinas blancas sobre la cabeza.

Quien, viviendo bien, la diga tres veces por la noche y tres veces por la mañana, al final se ganará el Paraíso.

Plegaria al Espíritu Santo y a las Almas del Purgatorio

Para recuperar de nuevo una clientela perdida.

Espíritu Santo, yo te invoco en nombre del Señor Jesús y, vosotras, almas bondadosas del Purgatorio, interceded por mí para que consiga la tranquilidad y recupere de nuevo mi clientela perdida u otro bienestar para que pueda subsistir.

Cinco *Pater* y cinco *Ave* para las almas más afligidas y las más desamparadas.

Plegaria a la Santa Virgen

Para obtener su protección en todas las circunstancias de la vida.

Ave María, etcétera.

Yo te saludo, Virgen gloriosa, Estrella más brillante que el Sol, más carmesí que la rosa nueva, más blanca que el lis, más elevada en el cielo que todos los Santos; toda la Tierra te venera, acepta mi homenaje y acude en mi ayuda. En medio de tus tan gloriosos días en el cielo, no olvides Virgen-Madre, las penurias de la Tierra: lanza una mirada de bondad sobre aquellos que están sufriendo y que luchan contra las dificultades, que no cesan de empapar sus labios en los sinsabores de esta vida. Ten piedad de aquellos que se amaban y han sido separados. Ten piedad de la soledad del corazón, de la debilidad de nuestra fe, de los objetos de nuestra ternura. Ten piedad de los que lloran, de los que rezan, de los que tiemblan. Dales a todos la esperanza y la paz. ¡Así sea!

Plegaria a San José

Invocarlo en los asuntos dificultosos o para encontrar trabajo.

† Admirable San José que trabajaste con fervor para ganarte la vida y mantener tu santa familia; muy humildemente, te ruego que me asistas para ser liberado de la necesidad en la que me encuentro reducido, ayudándome a encontrar el trabajo ne-

cesario para mi subsistencia y a salir victorioso de todas las dificultades que me rodean. Si todavía tengo que sufrir, haz que soporte pacientemente el presente dolor y dígnate a apresurar el fin de la prueba. Te lo suplico por tu divino Hijo Jesús y tu esposa María.

Estoy compuesto por cuerpo y alma: el cuerpo tiene necesidad de alimento y de ropa; la gracia es necesaria al alma para vivir en el espíritu y servir a Dios que es espíritu; los dos están expuestos a muchas enfermedades. Padre de los pobres, asísteme y líbrame de todo lo que pueda dañar tanto a uno como a otro. ¡Así sea!

Pater noster, etcétera.

Plegaria a San Antonio de Padua

Para encontrar a una persona o recuperar un objeto, decirla durante nueve días.

† Gran San Antonio de Padua, antorcha luminosa, te ruego ilumines mi espíritu para que pueda encontrar a […, o tal objeto]; haz que desbarate las artimañas de Satán y que salga victorioso de las trampas que él me tiende para perderme y afligirme. Te lo ruego por la ciencia que el Espíritu Santo tan generosamente ha extendido por tu alma para alumbrar el Universo. ¡Así sea!

Plegaria al mismo Santo

Para conseguir las cosas necesarias en la vida y no caer en la indigencia.

† Patrón de aquellos que se confían a ti, gran San Antonio de Padua, vengo a pedirte, no la abundancia pero tampoco la pobreza, temiendo que una me arrastre a la vanidad; la otra a la impaciencia, a la tristeza y a la desesperación; pero te pido una medida justa de las cosas necesarias para poder mantenerme a mí [y a mi familia].

Himno a San Antonio de Padua

Si quaeris miracula:	¿Queréis milagros?
Mors, error, calamitas.	La muerte, el error, las calamidades,
Daemon, lepra fugiunt;	El demonio, la lepra son ahuyentadas;
Aegri surgunt sani.	Los enfermos, curados, se levantan.
Cedunt mare, vincula;	El mar se calma, las cadenas caen
Membra resque perditas	Miembros y objetos perdidos
Petunt et accipiunt	Son requeridos y recuperados
Juvenes et cani.	Por los jóvenes y los ancianos.
Pereunt pericula,	Los peligros se desvanecen
Cessat et necesitas,	La miseria desaparece también:
Narrent hi,	Contadlo vosotros
qui sentiunt	que experimentáis sus favores;
Dicant Paduani.	Repetidlo, habitantes de Padua.

San Antonio de Padua, quered socorrernos. † ¡Así sea!

Esta devoción a San Antonio de Padua, desde hace poco, ha tomado un nuevo y prodigioso auge.

Estamos muy contentos ya que este resurgir del poder fluídico de los Santos nos demuestra claramente que por fin toman parte en la cuestión social, ofreciendo su pequeña solución al mundo que, por cierto, no parece ir a peor.

Si queréis, rezad a San Antonio de Padua en las iglesias, las capillas, los oratorios privados o en vuestras casas; ello poco importa; pero los panes que prometéis a los pobres para conseguir la protección del Santo en un caso particular, dadlos vosotros mismos; esos panes dadlos a los pobres.

Salmo 11

Contra todo revés de fortuna, a continuación de una pérdida de proceso, de desfalcos, de actuaciones perversas e incluso en caso de ruina completa y de profunda miseria: decidlo una vez al día durante nueve días.

Sálvame, Señor, pues no existe ya ningún santo, ya que todas las verdades son alteradas por los hijos de los hombres.

Cada uno no habla más que de cosas vanas con su prójimo; sus engañosos labios hablan con una doble intención. Que el Señor confunda a todos los labios mentirosos y a las lenguas orgullosas.

Dijeron: Glorifiquemos nuestra lengua; los labios son nuestros, ¿quién es, pues, nuestro Maestro?

Debido a la miseria de los indigentes y a las lamentaciones de los pobres, he aquí que ahora me levanto, dijo el Señor. Colocaré al pobre en lugar seguro; para él, actuaré con firmeza.

Las palabras del Señor son palabras castas; son como la plata experimentada en el fuego, purificada en la tierra, refinada hasta siete veces.

Eres tú, Señor, quien me conservará; y, contra esta generación perversa siempre nos defenderéis.

En efecto, los impíos avanzan y nos rodean; eres tú quien, en la profundidad de tu sabiduría, multiplicas los hijos de los hombres para nuestra prueba.

Salmo 21

Contra todo gran pesar, disgusto mortal o profunda desesperación del alma: decirlo durante siete días.

Dios mío, Dios mío, mírame: ¿por qué me has abandonado? Es el grito de mis pecados el que aleja de mí la salvación.

Dios mío, durante todo el día te he estado llamando y no me oíste; te llamé durante toda la noche y no me hiciste caso, a mí, pobre insensato.

Pero Tú, Gloria de Israel, en el Santo de los Santos es donde tienes tu morada.

En ti, es en quien nuestros padres depositaron su confianza: ellos esperaron y tú los liberaste.

Te clamaron y fueron salvados; esperaron en ti y no fueron engañados.

Pero yo no soy más que un gusanillo y no un hombre; soy objeto de desprecio para todos y la escoria del pueblo.

Todos los que reparan en mí me transforman en algo irrisorio; hablan de ello con murmullos y con movimientos de cabeza.

Ha depositado, dicen, su esperanza en Dios, entonces, que venga Dios a liberarlo: que lo salve, ya que tanto lo ama.

Tú eres, Señor, quien me hiciste salir del seno materno; desde el primer instante en el que caté la leche materna, has sido mi única esperanza.

Me cobijé en tus brazos desde el seno materno; sí, desde entonces, sólo tú eres mi Dios.

No te alejes, pues las aflicciones se han acercado a mí y no hay nadie que quiera acudir en mi ayuda.

Estoy rodeado como por un inmenso rebaño de bueyes; estoy asediado por una masa de pesados toros.

Contra mí abren sus grandes fauces, parecidas a las del león que ruge y devora.

Me he derramado como el agua y todos mis huesos se han dislocado.

Mi corazón, en medio de mis entrañas, se ha fundido como la cera.

Mi fuerza se ha secado como una tierra árida y mi lengua se ha pegado a mi paladar: y me has conducido al polvo de la muerte.

Ya que me rodean como una jauría de perros feroces: la unión de todos estos hombres perversos me asedia.

Han atravesado mis manos y mis pies: han enumerado todos mis huesos.

Después, se pusieron a considerarme, a inspeccionarme.

Se repartieron mis prendas, y mi ropa se la echaron a suertes.

Así pues, Señor, no demores por más tiempo tu ayuda; intenta defenderme.

Libra mi alma de la espada, ¡oh, Dios mío!, a esta alma abandonada, líbrala del furor de los perros.

En el estado de humillación en el que he caído, sálvame de las fauces del león y de los cuernos del unicornio. A todos mis hermanos, revelaré tu Nombre: en plena asamblea publicaré tus alabanzas.

Vosotros que teméis al Señor, alabadlo; todos vosotros, raza de Jacob, glorificadlo.

Que le tema toda la posteridad de Israel, pues él no ha despreciado ni ha desdeñado en absoluto las súplicas del pobre.

No apartó en absoluto su rostro de mí y, cuando le grité, me salvó.

Hacia ti se alzan mis alabanzas en la gran asamblea: a ti se dirigen mis votos en presencia de aquellos que te temen.

Los pobres comerán y ya no tendrán más hambre; y los que buscan a Dios lo alabarán a sus anchas: sus corazones vivirán por los siglos de los siglos.

Las fronteras más alejadas de la Tierra se acordarán del Señor y se convertirán a él.

Y las familias de todas las naciones se postrarán ante él. Pues tan sólo al Señor le pertenece el reinar: él es quien domina sobre toda nación.

Todos los glotones de la Tierra comerán y adorarán; en su presencia se postrarán todos aquellos que están destinados a la tumba.

Y mi alma vivirá para él; y mi posteridad le servirá.

Las generaciones venideras anunciarán al Señor: y los cielos anunciarán su justicia al pueblo que está por nacer; al pueblo que el Señor se ha preparado.

Plegaria para redimir a un alma descarriada

Esta plegaria es igualmente útil para que toda persona que hubiese abandonado a su familia vuelva a los buenos sentimientos.

† Por el Dios Todopoderoso y por la intercesión de nuestros hermanos y hermanas que viven en la vida espiritual, les ruego retiren del error en el que se encuentra, a […] que ha renegado de todo en favor de las criaturas.

Dios, tres veces Santo, tres veces luminoso, acógelo piadosamente y devuélvelo a las alegrías de la familia celeste. ¡Así sea!

Salmo 67

Para las viudas, los huérfanos o para todos aquellos que están retenidos en injusta cautividad.

Que el Señor y sus enemigos sean dispersados y que aquellos que le odian huyan lejos de él.

Que desaparezcan como el humo que se esfuma; como la cera que se derrite frente al fuego, así perezcan los pecadores frente a Dios.

Pero que los justos sean saciados y se alegren en la presencia de Dios y sean extasiados con arrebatos de alegría.

Cantad a Dios, decid un cántico en su nombre; preparad el camino a aquel que sube por encima del ocaso: se llama el Señor.

Alegraos de su presencia ya que todos temblarán ante el rostro de aquel que es el Padre de los huérfanos y el vengador de las viudas.

Este Dios que está en su sagrado templo es el mismo Dios que hace permanecer con él a aquellos que poseen un mismo espíritu.

Él es quien con su poder libera a los cautivos, así como a los que se desesperan o que están como sepultados en sus tumbas.

Dios mío, cuando ibas a la cabeza de tu pueblo, cuando atravesabas el desierto,

La tierra temblaba, los mismos cielos se fundían ante la faz del Dios de Sinaí, ante la faz del Dios de Israel. Dios mío, aparta para tus herederos una lluvia de gracias; y si disminuyen o se debilitan, tú les devolverás su perfección de abundancia.

Tus rebaños vivirán con esta herencia; en la dulzura de tu bondad, ¡oh, Dios mío, que preparaste para el pobre.

El Señor inspirará su palabra a sus evangelizadores: el poder de esta palabra será prodigioso.

El Rey de los fuertes es el amor de los amores; y ante la belleza de su casa, reparte los despojos conquistados. Incluso cuando estéis inmersos en medio de los mayores peligros, sed semejantes a la paloma de alas plateadas y de dorso brillante como el oro.

Entonces, en esta heredad, el Pastor celestial reunirá a su rebaño, de vello más blanco que la nieve de Selmón.

Es la montaña de Dios, la montaña rica en pastos, la montaña fértil, la montaña fecunda.

¿Podríais llegar a imaginaros alguna vez lo que debe entenderse por montañas fecundas?

Es la montaña en la que al Señor le ha complacido el vivir; en efecto, el Señor la habitará siempre.

Millones de ángeles llenos de alegría rodean el carro de Dios: el Señor, entre ellos, está en su santuario como en el Sinaí.

Subiste hasta lo más alto de los cielos, tomaste a los cautivos; recibiste dones para distribuirlos a los hombres. E incluso a los incrédulos, los haces vivir cerca de Nuestro Señor.

Bendito sea el Señor hoy y cada día; que el Dios de nuestra salvación haga nuestro camino favorable.

Nuestro Dios es el Dios que nos salva y es al Señor de los Señores a quien corresponde el dominar la muerte. Dios es también quien aplastará la cabeza de sus enemigos que se pasean con la frente altiva a través de sus crímenes.

El señor dijo: te retiraré de la tierra de Basán, te arrancaré de las profundidades del mar.

De manera que tus pies se empaparán en la sangre de tus enemigos: tus perros saciarán su sed con ella.

Dios mío, han visto tu entrada triunfante, la entrada de mi Dios, de mi Rey que reside en su santuario.

Los caudillos, unidos a los cantores, en medio de las jovencitas que tocan la pandereta, han acudido ante él. Vosotros, que salís de las fuentes de Israel, bendecid al Señor Dios en sus templos.

Aquí, el pequeño Benjamín lo adora en un éxtasis de admiración.

Al igual que los príncipes de Judas, sus caudillos […]: los príncipes de Zabulón, los príncipes de Nephtalí.

Dios mío, ordenad a vuestro poder: reafirma, Dios mío, lo que en nosotros ya has realizado.

Los reyes te ofrecerán presentes en tu templo de Jerusalén.

Reprime estas bestias salvajes de las marismas, esta asamblea de los pueblos que, como toros y terneros, se han unido para echar a los que son puros como la plata. Disipa las naciones que desean la guerra.

Vendrán embajadores de Egipto, Etiopía tenderá sus manos hacia Dios.

Reinos de la Tierra, cantad a Dios, entonad himnos al Señor; exaltad en vuestros cánticos a este Dios que sube por encima de todos los cielos hacia el Oriente. He aquí que da a su voz la voz del poder.

Rendid gloria a Dios por lo que ha hecho por Israel; su magnificencia y su fuerza están por encima de las nubes.

Dios es admirable en sus santos: es el Dios de Israel quien da él mismo, a su pueblo, fuerza y poder; ¡bendito sea Dios!

Plegaria para defenderse contra todo enemigo conocido

Arcángel Miguel, guardián del paraíso, venid a socorrer al pueblo de Dios, considerad grato el defendernos contra el demonio y contra nuestros enemigos en general, que son muy poderosos y, finalmente, conducidnos ante la presencia de Dios, en la morada de los bienaventurados.

Señor, Dios mío, cantaré tus alabanzas en presencia de tus ángeles.

Te rendiré mi humilde tributo en tu santo templo y revelaré la grandeza de tu Nombre.

Y Jesús, paseando por en medio de ellos, iba […]

† ¡Que Jesús, nuestro Señor, sea bendecido ahora y siempre! Como es nuestro Salvador, nos conducirá felizmente por la vía que nos ha marcado.

† Jesús, que las tinieblas cieguen a mis enemigos sin que puedan usar sus ojos; y que, como señal de su indignidad, sean encorvados hacia la tierra.

† Jesús, derrama sobre ellos el efecto de tu indignación y que tu justa cólera les alarme continuamente; que a la sola idea de tu fuerza, el horror y el espanto derriben su valor.

† Jesús, haz que permanezcan inmóviles como piedras, hasta que yo [...], que soy tu criatura, la que rescataste de tu apreciada sangre, haya pasado.

† Jesús, la fuerza de tu brazo siempre se ha mostrado prodigiosa: por esta misma fuerza, extermina poderosos enemigos, rebajando el orgullo de estos impíos sublevados contra mí.

† Jesús, protégeme de aquellos que, por todas partes, se alzan con el propósito de perderme.

† Jesús, líbrame de caer en manos de los malvados y arráncame de las de este hombre [o de esta mujer] injusto.

† Jesús, líbrame de los que cometen el mal, de los que buscan expandir mi sangre, o que atentan contra mi vida, mi honor y mis bienes.

† Gloria sea dada al Padre, al Hijo, al Espíritu Santo, desde el principio y durante toda la eternidad, hoy y siempre, por los siglos de los siglos. ¡Así sea!

SALMOS 51 Y 139

Contra los murmuradores y los calumniadores. Los males causados por las malas lenguas han provocado más estragos que diez pestes y treinta batallas.

Salmo 51

¿Por qué te ensalzas en tu malicia, tú que eres poderoso en el mal?

Tu lengua medita durante todo el día la injusticia; como una navaja afilada, cometes engaños que causan profundas heridas.

Te gusta más la maldad que la bondad; prefieres el lenguaje de la iniquidad al de la justicia.

Lengua engañosa, no te gustan más que las palabras que pierden.

Por ello, Dios te destruirá para siempre; te arrancará y te alejará de tu morada; y tu raza desaparecerá de la Tierra de los vivos.

Los justos lo verán, y se llenarán de espanto y se burlarán de él diciéndole: He aquí este hombre que no ha querido tomar a Dios como sostén;

Pero que ha depositado su confianza en la abundancia de sus riquezas y cuya vanidad ha prevalecido.

Pero yo, al igual que el olivo lleno de frutos en la casa de Dios, he puesto mi esperanza en la misericordia divina para la eternidad y los siglos de los siglos.

Siempre os bendeciré por lo que habéis hecho y depositaré mi confianza en tu nombre, pues ante los ojos de todos tus santos este nombre está lleno de bondad.

Salmo 139

Arráncame, Señor, del hombre malvado; líbrame del hombre injusto.

Aquellos cuyos corazones no piensan más que en el mal cada día me provocan una lucha.

Como la serpiente aguzan su lengua; el veneno del áspid está sobre sus labios.

Presérvame, Señor, de las manos del pecador; y sálvame de los hombres de iniquidad.

Que no piensan más que en hacer errar mis pasos; estos orgullosos me han tendido una trampa secreta.

Han guarnecido esta trampa de cuerdas: han puesto un obstáculo en mi camino.

Dije al Señor: Eres mi Dios, escucha, Señor, la voz de mi plegaria, Señor, Dueño y Fuerza de mi salvación, protegiste mi cabeza el día de la batalla.

Señor, no me abandones a los pecadores, en contra de mi deseo; murmuran contra mí, no me dejes, no sea que se hinchen de orgullo.

La concepción de sus malignos pensamientos los rodea; la obra de sus labios recaerá sobre ellos mismos.

Los carbones lloverán sobre ellos, los arrojarás al fuego; no resistirán a tantas miserias.

El deslenguado no prosperará en la Tierra; toda clase de males conducirán al hombre injusto a su pérdida.

Sé que el Señor será justo con el pobre y vengará al miserable.

Entonces, los justos alabarán tu Nombre y los corazones rectos permanecerán en tu presencia.

Salmo 25 y Cántico de Moisés

Contra las intrigas ocultas, las venganzas secretas o las persecuciones encarnizadas.

Cuando el pobre pajarillo herido se debate entre las redes del cazador, no posee más recurso que el de lanzar al cielo un último y pequeño grito de dolor.

Este grito es la llamada suprema a la justicia divina, la única que puede liberarlo de la pesada mano del opresor. A veces, esta Soberana Justicia, que tan a menudo parece estar presa como de un extraño sueño, se despierta de pronto y el pajarillo, liberado, levanta su vuelo, entonando él también, su cántico triunfante.

Salmo 25

Júzgame, Señor, pues siempre he dirigido mis pasos por el camino de la inocencia; puesto que he depositado mi confianza en Dios, no seré debilitado.

Pruébame, Señor y sondéame; quema mis riñones y mi corazón. Pues tu misericordia está ante mis ojos y me deleito en tu verdad.

No he participado en nada en la asamblea de vanidad y no iré junto a los portadores de iniquidades.

Aborrezco la Iglesia de los malvados y no quiero sentarme con los impíos.

Lavo mis manos en compañía de los puros; y me mantengo alrededor de tu altar, Señor: Con el fin de escuchar la voz de tus alabanzas y de contar por mí mismo todas tus maravillas.

Señor, me agrada la belleza de tu casa y el lugar en donde reside tu gloria.

Dios mío, no extravíes mi alma con los limpios, ni mi vida con los hombres sanguinarios.

Tienen las manos repletas de iniquidades; su derecha está cargada de presentes.

Por mí, quiero progresar en mi inocencia; rescátame y ten piedad de mí.

Mi pie se mantiene firme en el camino recto; en tus templos, Señor, te bendeciré.

Cántico de Moisés

Cantemos al Señor, pues se ha glorificado magníficamente: ha arrojado al mar a caballo y caballero.

El Señor es mi fuerza y motivo de mis alabanzas: se ha convertido en mi salvador: él es mi Dios y lo glorificaré: es el Dios de mi padre y lo exaltaré.

El Señor es como un guerrero combatiente: su Nombre es Todopoderoso.

Arrojó al mar los carros del faraón y a toda su armada; sus caudillos de elección fueron engullidos en el mar Rojo.

Los abismos los recubrieron; se sumergieron hasta el fondo como las piedras.

Tu derecha, Señor, se ha glorificado en su fuerza; tu derecha, Señor, ha golpeado al enemigo.

Y de acuerdo a la grandeza de tu gloria, derribaste a tus adversarios; pusiste de manifiesto tu cólera que los devoró como a una paja.

Y bajo el soplo de tu furor, las aguas se amontonaron; la deslizante ola permaneció inmóvil, los abismos se hundieron en medio del mar.

El enemigo dijo: «Los perseguiré y los alcanzaré, repartiré sus despojos, mi alma estará satisfecha; desenvainaré mi espada y mi mano los atravesará».

Tu espíritu ha soplado y el mar los ha cubierto; al igual que el plomo, se han hundido bajo las aguas.

¿Quién entre los fuertes es, pues, semejante a ti, Señor?

¿Quién puede parecerse a ti, tan espléndido en santidad, tan terrible y tan digno de alabanza, a ti que cumples tan grandes prodigios?

Extendiste tu mano y la tierra se los tragó.

En tu misericordia, fuiste el guía del pueblo que rescataste; y en tu fuerza lo condujiste hasta tu santa morada.

Los otros pueblos se abalanzaron llenos de cólera contra nosotros: los habitantes de Filistea fueron sobrecogidos de dolor.

Los príncipes de Edom se inquietaron, el terror invadió a los fuertes de Moab; todos los habitantes de Canaán se consumieron de temor.

Que a la vista del poder de tu brazo, el terror y el pánico los invadan; que se vuelvan inmóviles como la piedra hasta que tu pueblo, ¡oh, Señor!, haya pasado; sí, hasta que tu pueblo, aquel que tú ganaste, haya pasado.

Los llevarás y los colocarás sobre la montaña de tu heredad, en la muy sólida morada que tú has construido,

Señor, en el santuario que tus manos, Señor, hicieron inquebrantable.

El Señor reinará eternamente y más allá de la eternidad. Pues el faraón entró a caballo en el mar con sus carros y sus jinetes y el Señor trajo las aguas sobre ellos, mientras que los hijos de Israel lo cruzaron a pie.

Plegaria en virtud de la cual nadie puede dañarnos

Esta plegaria está tomada de un libro muy antiguo y, según Jean Sempé, ha demostrado su eficacia en más de una ocasión; por ello no hemos dudado en transcribirla aquí.

«Quienquiera –leemos en este libro–, que lleve la siguiente oración, no debe temer nada: sean flechas, sean espadas, ni otras armas podrán dañarle; ni el diablo si no ha pactado con él, ni los magos, ni ninguna persona; si coloca esta oración en el cuello, nada lo dañará. Si alguien no cree en esto, que lo pruebe y verá maravillas.»

Los siguientes nombres, que parecen tan extraños, son nombres ocultos de Dios de los que tan sólo los iniciados conocen el misterioso significado.

Barnasa † Leutias † Bucella † Agla † Tetragrammaton † Adonai † Señor Gran Dios admirable, socorre a

[…] tu servidor, por indigno que sea. Líbrame de todo peligro, de la muerte del alma y de la del cuerpo y de las emboscadas de mis enemigos, tanto visibles como invisibles.

Dios † Ely † Eloy † Ela † Agla † Adonai † Sabaoth, que estos santos Nombres me resulten provechosos y útiles a mí […] que soy el servidor de Dios.

† Pues éste es mi cuerpo

† ¡Que me ame!

† ¡Así sea!

Plegaria de San Benito

Contra todo espíritu perverso.

Crux Sancti Patris Benedicti.	¡Oh, cruz del Santo Padre Bendito!,
Crux Sacra sit mihi lux.	¡Oh Cruz santa!, sé mi luz,
Non Draco sit mihi dux.	Que el dragón no sea mi líder:
Vade retro sotana!	¡Apártate Satanás!
Nunquam suade	Jamás me aconsejes
mihi vana;	ninguna vanidad:
Sunt mala quae libas:	El brebaje que nos viertes es el mal;
Ipse veneno bibas.	Bebe tú mismo todos tus venenos.
IHS	¡Viva Jesús!

Plegaria para ahuyentar de una habitación todo espíritu maligno o impedir todo ruido sospechoso

Te expulso, Espíritu del mal, y te apremio † por el Dios verdadero, † por el Dios viviente, † por el Dios santo, a que salgas y te alejes de este lugar para no volver jamás. Te lo ordeno en el nombre de Aquel que te venció y que triunfó sobre ti en el patíbulo de la cruz y cuyo poder te ha atado para siempre. Te ordeno no volver a asustar jamás a los que viven en esta morada, en el nombre de Dios † Padre † Hijo † y Espíritu Santo, que vive y reina por los siglos de los siglos. ¡Así sea!
Te lo suplicamos, Señor, visita esta morada y aleja toda emboscada del enemigo; que tus santos ángeles la habiten, conservándose en la paz; y que tu bendición esté siempre con nosotros. ¡Así sea!

Si los animales domésticos sienten malestar o son atacados por enfermedades inexplicables, hay que añadir a las susodichas plegarias, las oraciones siguientes:

¡Oh, Dios!, que pusiste a los animales, incapaces de hablar, al servicio de los hombres para no solivantarlos en sus tareas, te suplicamos humildemente que no permitas que estos animales, necesarios para sustentar la existencia de la condición humana, nos priven, por su muerte, del uso que de ellos podríamos esperar. Te lo pedimos por Nuestro Señor Jesucristo que vive y reina contigo en la unidad del Espíritu Santo por todos los siglos de los siglos. ¡Así sea!

Por favor, Señor, en tu misericordia, aleja de tus fieles todos los errores y aparta de los animales las crueles enfermedades que los destrozan con el fin de que, tras haber castigado con justicia a aquellos que se habían extraviado, lanzases sobre ellos una mirada de misericordia en cuanto se hubieran enmendado.

Por Nuestro Señor Jesucristo, tu Hijo, que vive y reina contigo, Dios, en la unidad del Espíritu Santo, por todos los siglos de los siglos. ¡Así sea!

† ¡He aquí la cruz del Señor! Huid, potencias enemigas.

† El león de la tribu de Judá, vástago de David, obtuvo la victoria.

† Jesús de Nazaret, Rey de los Judíos, protégenos.

† Jesucristo es vencedor.

† Jesucristo reina.

† Jesucristo ordena.

† Que por la virtud de la cruz de Jesucristo, toda iniquidad sea alejada de este lugar.

† En nombre del Padre, y del Hijo, y del Espíritu Santo. ¡Así sea!

Plegaria contra la posesión y otros tormentos de los malos espíritus

Esta plegaria debe decirse todos los días para preservarse del espíritu maligno, del hierro, del agua, del fuego, del rayo, de la muerte súbita y de todo peligro de sucumbir en una injusta cautividad. Para liberarse de un espíritu maligno hay que decirla tres veces seguidas con un cirio encendido. Se procede del mismo modo cuando se trata de que una mujer en parto dé a luz. Se recita en las novenas contra los maleficios de boda.

Verbo, que fuiste hecho carne, que estuviste atado en la cruz, que estás sentado a la derecha de Dios el Padre, te conjuro por tu santo Nombre, ante cuya pronunciación toda rodilla se doblega en el cielo, en la tierra y en los infiernos, a que acojas las plegarias de aquellos que en ti depositan sus creencias y su confianza; dígnate proteger a esta criatura [...] por tu santo Nombre, por los méritos de la Santa Virgen, tu madre, por las plegarias de todos los Santos, contra todo ataque o maleficio por parte de los demonios y de los malos espíritus.

Tú que vives con Dios el Padre en la unidad del Espíritu Santo. ¡Así sea!

† He aquí la Cruz de Nuestro Señor Jesucristo, de la que depende nuestra salvación, nuestra vida, nuestra resurrección espiritual, la confusión de todos los demonios y de los espíritus malignos.

Huid, pues, desapareced de aquí, demonios, enemigos irreconciliables de los hombres, pues yo os conjuro a vosotros, demonios infernales, espíritus malignos, quienquiera que seáis, presentes o ausentes, cualquiera que sea el pretexto por el que seáis llamados, invitados, conjurados o enviados de buen grado; o bien forzados por las amenazas o por los artificios de hombres o mujeres malvados, para residir o habitar, os conjuro, pues, de nuevo, por muy obstinados que seáis, a que dejéis esta criatura […] † por el gran Dios Viviente, † por el Dios Verdadero, † por el Dios Santo, † por Dios el Padre, † por Dios el Hijo, † por Dios el Espíritu Santo, principalmente † por Aquel que fue inmolado en Isaac, † vendido en José, † que siendo hombre fue sacrificado como un cordero, † por la sangre de San Miguel que, al combatir contra vosotros, os venció y os hizo huir. Os prohíbo de su parte y por su autoridad el que, bajo cualquier pretexto, hagáis ningún daño a esta criatura, […] sea en su cuerpo o fuera de ella, ni por visión, ni por pavor, ni temor; tanto durante el día como durante la noche, tanto duerma, como vele, coma o rece, natural o espiritualmente. Si os rebeláis a mi voluntad, arrojo sobre vosotros todas las maldiciones y excomuniones y os condeno, de parte de la Santísima Trinidad a ir al estanque del fuego y del azufre, donde seréis conducidos por el bienaventurado San Miguel. Si se os ha invocado dándoos alguna expresa y rigurosa orden, sea rindiéndoos un culto de adoración y de perfumes, sea que hayan echado algún sortilegio, por palabras o por magia sobre la hierba, las piedras o en el aire, o sea porque ello se haya hecho de forma natural o misteriosamente, o que estas cosas sean temporales o espirituales; o por último, que se hayan utilizado cosas sagradas, que se hayan empleado los nombres del

Gran Dios o de los ángeles, que se hayan usado señales secretas, que se hayan examinado los minutos, horas, días, meses y años cuando se hiciera algún pacto con vosotros, tácito o visible, incluso con sermón solemne; rompo, destruyo y anulo todas estas cosas, † por el poder y la virtud de Dios el Padre, † por la sabiduría del Hijo, Redentor de todos los hombres, † por la bondad del Espíritu Santo: en una palabra, † por Aquel que cumplió la ley en su totalidad, † que es, † era, † y será siempre † Omnipotens † Agios, † Ischyros, † Athanatos, † Soter, † Tetragrammaton, † Jehovah, † Alpha y Omega; en una palabra, que todo el poder infernal sea ahuyentado y destruido haciendo sobre esta criatura […] el signo de la † Cruz, sobre la que Jesucristo murió y, por 1a mediación de la bienaventurada Virgen María, de los santos ángeles, Arcángeles, Patriarcas, Profetas, Apóstoles, Mártires, Vírgenes y Confesores y en general de todos los Santos que gozan de la presencia de Dios, así como de las santas almas que viven en la Iglesia de Dios. Rendid vuestros tributos al Dios Altísimo y Poderosísimo y que penetren hasta su trono, como el humo de este pez de los abismos que fue quemado por orden del Arcángel Rafael; evaporaos como el espíritu inmundo que le desvaneció ante la casta Sara. Que todas estas bendiciones os ahuyenten y ni por asomo os permitan el acercaros a esta criatura […] quien tiene el honor de llevar sobre su frente el signo de la † Santa Cruz; porque la orden que ahora os doy, no es mía, sino de Aquel que fue enviado desde el seno del Padre Eterno, con el fin de aniquilar y destruir vuestros maleficios, lo que hizo sufriendo la muerte sobre el árbol de la cruz.

Nos otorgó este poder de mandatos así, por su gloria y por la unidad de los fieles.

Así, os prohibimos según el poder que hemos recibido de Nuestro Señor Jesucristo y en su Nombre, el acercaros a esta criatura [...] huid, pues y, a la vista de la Cruz, desapareced.

† He aquí la Cruz del Señor: huid poderosos enemigos.

† El león de la tribu de Judá ha vencido: Raza de David: ¡Aleluya! ¡Así sea! ¡Así sea! ¡Fiat! ¡Fiat!

† Jesús de Nazaret, Rey de los Judíos, líbranos de todo mal. ¡Así sea!

† Cristo es vencedor.

† Cristo reina.

† Cristo ordena.

Dios mío, purifica mi corazón y borra todos mis pecados.

Jesús, María y José, socorredme y salvadme, por favor.

† En el nombre del Padre, † y del Hijo, † y del Espíritu Santo. ¡Así sea!

Salmo 116

Para agradecer a Dios la obtención de una gracia.

Pueblos, cantad al Dios de la Tierra y del Cielo, Y que su Nombre retumbe por todo el Universo;

Pues su misericordia es para nosotros su justicia,
Y el reino de su verdad es eterno.

Salmo 90

Contra los malos pensamientos, el insomnio, las pesadillas y contra todo ataque de los malos espíritus: decirlo cada noche antes de meterse en la cama.

Aquel que permanece firme, con la ayuda del Altísimo
descansará sin duda bajo la protección del Dios del
cielo.

Dirá al Señor: eres mi defensor y mi refugio; es mi
Dios, en él pondré toda mi esperanza.

Pues es quien me ha liberado de la trampa de los cazadores y de la palabra perniciosa.

Te cubrirá con sus hombros y bajo sus alas recobrarás
la esperanza.

Su verdad te rodeará como un escudo; no tendrás que
temer nada de los miedos nocturnos.

Ni de la flecha que vuela durante el día, ni de las empresas de aquel que se arrastra por las tinieblas, ni
de los ataques de los demonios diurnos o nocturnos.

Caerán mil a tu izquierda y diez mil a tu derecha: pero
ni uno solo se acercará a ti.

E incluso, podrás considerar y ver con tus propios ojos
el castigo del pecador.

Porque dijiste: Señor, eres mi única esperanza. En el Altísimo es en donde has situado tu refugio.

El mal no podrá alcanzarte y ninguna calamidad invadirá tu morada.

Pues, por ti ordena a sus ángeles que te protejan por todos tus caminos.

Te llevarán en sus manos para que no puedas lastimarte tus pies contra la roca.

Andarás sobre el áspid y el basilisco y, con el talón, golpearás al león y al dragón.

Pues, quienquiera que espere en mí, lo liberaré y lo protegeré, pues ha reconocido mi Nombre.

En cuanto me llame, lo atenderé; estoy con él en la aflicción, se la quitaré y lo glorificaré.

Lo colmaré de largos días y le mostraré mi salvación.

Para tener una buena boda

Gran San José, dado que las buenas bodas se celebran en el cielo, por la incomparable dicha que recibiste, al ser el verdadero y legítimo esposo de María, la Santa Madre de Dios, te ruego encarecidamente que me ayudes a encontrar algún partido propicio a mi condición y un marido [o una fiel compañera] con el que [o con la que] pueda amar y servir a mi Dios en buena unión y concordia y que atraigas por este medio las celestiales bendiciones sobre nuestra futura familia. ¡Así sea!

Plegaria antes del sueño

† *Huic thalamo proesto, Lucas, defensor adesto.*

† ¡Oh, San Lucas!, sé el defensor de mi cama.

† *Marce, precare Jesum, Ne simus daemonis usura*

† Que no sea San Marcos, juguete del demonio.

† *Te precor ut damnes Phantasmata cuncta, Joannes.*

† San Juan, ahuyenta todo fantasma engañoso.

† *Esto custos meus, Dum dormiam noche, Mathaeus.*

† San Mateo, protégeme en mi profundo sueño.

† *Jesu, fili David, miserere mei.*

† Jesús, hijo de David, ten piedad de mí.

Amen!

¡Así sea!

† *In nomine Patris,* † *et Filii,* † *Spiritus Sancti.*

† En el nombre del Padre, † y del Hijo † y del Espíritu Santo.

Amen!

¡Así sea!

Plegaria contra toda enfermedad

Señor, aquel a quien amas está enfermo. Me permito pedirte que su enfermedad no lo conduzca a la muerte, sino que sirva a tu gloria y a su santificación. Creo que tú eres Cristo, hijo del Dios Viviente, que viniste a este mundo. Creo que tú eres la resurrección y la vida y que aquel que cree en ti vivirá, a pesar de estar muerto; y que todos aquellos que viven y creen en ti no morirán jamás. Yo creo, Señor; ayúdame, sostén mi poca fe. Curaste a tantos enfermos durante el tiempo de tu vida mortal, por consideración a las plegarias de quienes te los presentaban. No soy digno de presentarme ante ti y no merezco que tengas en cuenta mi plegaria. Sé que el pan de los niños no debe ser echado a los perros; pero los perritos se comen las migajas que caen de la mesa de sus amos. Si quieres, puedes curarlo; pronuncia una palabra y él será curado. Utiliza esta enfermedad corporal para la curación de su alma y nuestra enseñanza. Otórgale la paciencia y a nosotros la caridad. Acógelo el día de su aflicción, sálvalo y concédenos la alegría de poder seguir alabándote aquí abajo, con él en tu santo templo y de bendecirte por siempre jamás en el cielo. Así sea.

Padre mío, aparta de mí este cáliz: mientras que se haga tu voluntad y no la mía.

Señor, no me reprendas en tu furor y no me escarmientes en tu cólera. Ten piedad de mí porque soy débil; cúrame porque mis huesos están quebrados.

Ni las medicinas ni los remedios que se aplican son los que provocan la curación; es tu palabra Todopoderosa, ¡oh, Señor: cúrame y estaré salvado.

Señor, padezco un terrible dolor; da a mi plegaria una respuesta favorable.

Repaso ante ti todos los años de mi vida en la amargura de mi corazón.

Temo morir, porque todavía no estoy nada preparado. Acuérdate de mí, Señor; no te vengues de mis pecados y no recuerdes mis faltas.

Dios mío, me entrego a tu misericordia, utilízala a mi
favor.

Jesús, hijo de David, ten piedad de mí; acude a mí antes
de que muera.

Socórreme, gran Dios, pues perezco sin Ti; pero si debo
morir, tu Cielo, dámelo.

Oración de los treinta días

Quienquiera que diga la Oración siguiente por espacio de treinta días, en honor de la Santísima Pasión de Nuestro Señor Jesucristo y de la Bienaventurada Virgen María, su madre, obtendrá por misericordia la realización de todas sus peticiones lícitas; lo que ya hemos visto por experiencia.

Santa María, eterna Virgen de las Vírgenes, Madre de
misericordia, Madre de gracia y esperanza de todos
los desesperados; por esta espada de dolor que atravesó tu alma cuando tu único Hijo Jesucristo Nuestro Señor soportaba el suplicio de la muerte en la
Cruz, por este afecto filial que lo hizo compadecerse
de tu dolor maternal y lo hizo preocuparse por encomendar a su bien amado discípulo San Juan, heredero del perfecto amor que os sostuviera; te ruego
que aportes compasión y conjuntamente que aportes
también remedio a la angustia, a la aflicción, a la
enfermedad, a la pobreza, a la pena y a cualquier

otro tipo de necesidad en la que me he encontrado. ¡Oh, refugio asegurado de los miserables!, ¡oh, dulce consuelo de los afligidos, ¡oh, Madre de piadosísima misericordia!, consoladora de los desolados y rápida liberadora de los huérfanos en todas sus necesidades, mira las lágrimas de mi soledad y de mi miseria y por verme abrumado de males y de angustias a causa de mis pecados, no sé a quién recurrir más que a ti, mi querida Dama, dulcísima Virgen María, Madre de Nuestro Señor Jesucristo, a quien eres acorde y semejante en calidad de Reformadora de la humanidad que te es propia.

Te suplico que atiendas con tu piedad habitual y con tu misericordia acostumbrada a mis plegarias y te ruego por las entrañas de tu dulcísimo y misericordioso Hijo, por el amor que sintió en el momento de su alianza con la naturaleza humana, a la que liberó conjuntamente con el Padre y el Espíritu Santo de tomar nuestra carne mortal para nuestra salvación; y que después, ¡oh, Bienaventurada Virgen!, que el ángel te trajera la buena nueva, el Espíritu Santo, haciéndote sombra, se cubrió de nuestra mortalidad y permaneció nueve meses en tu seno virginal, Dios verdadero y verdadero hombre, y tras expirar este tiempo, con la cooperación del Espíritu Santo, se dignó visitar el mundo.

Por la angustia que tu propio Hijo tuvo en su corazón cuando suplicó a su Padre Eterno en el Monte de los Olivos, que si se podía hacer, fuese relevado del cáliz de su pasión. Por esta triple Oración, así como por ese triste paso por el que lo seguiste llorando y sin abandonarlo jamás en todos los obstáculos de su Muerte y Pasión. Por las afrentas y los ultrajes, los escupitajos, las bofetadas, las burlas, los falsos testimonios y el juicio injusto que fue llevado contra él. Por este traje sin costuras, que fue ganado por el azar del juego; por estas ataduras y estos golpes; por las lágrimas que derramó tres veces, por las gotas de su sudor de sangre, por su paciencia y su silencio, por su temor, su pena y la tristeza de su corazón, por la vergüenza que pasó viéndose completamente desnudo en la Cruz ante tu presencia, ¡oh, piadosa Virgen! y la de todo el pueblo.

Por su real Caudillo, por su divina sangre, por su cáñamo quebrado, por su corona de espinas; por la sed, por la repugnancia que le dio el vinagre empapado en hiel, por la lanza que le atravesó su lado sagrado, por la sangre y el agua que manaron de sus llagas y fueron para nosotros verdaderas fuentes de gracia y de misericordia. Por los clavos por los que sus manos y sus pies fueron atravesados, por la encomendación que hizo de su muy querida alma a su Padre, por su dulce Espíritu, que entregó clamando al Cielo: «Dios mío, Dios mío, ¿por qué me has abandonado?» y agachando la cabeza, dijo: «Todo está hecho». Por la rotura del Paño del Templo y de las Piedras, por el eclipse del Sol y de la Luna, por la misericordia que ejerció hacia el buen ladrón, por su Pasión y su Cruz, por su descenso a los Limbos, por la alegría que impartió durante su visita a todas las almas justas, por el honor y la gloria de su Resurrección triunfante, por habérsete aparecido, durante el espacio de cuarenta días, a ti, ¡oh, Virgen santa!, a los Apóstoles y a las otras almas liberadas.

Por su ascensión en la que, a la vista de todos los Apóstoles, se elevó en el Cielo; por la gracia que el Espíritu Santo repartió en forma de lenguas de fuego en el corazón de sus discípulos y que por ellos mismos hizo llevar a todos los lugares de la Tierra. Por el terrible día del Juicio en el que deberá venir a juzgar a los vivos y a los muertos y a todo el mundo mediante el fuego; por toda la compasión que tuvisteis por Él en este mundo, por la dulzura de sus besos, por la inefable alegría de tu Ascensión, día en el que, en la presencia y en compañía de tu Hijo, estuviste encantada en el Cielo, en donde estás colmada de las alegrías y de las delicias eternas. Te pido que lo hagas de forma en que mi corazón sea partícipe, y ahora, que escuches mi plegaria, y me concedas la petición que te hago con toda la humildad y la devoción posible.

[Pedid aquí lo que os plazca]

Y como sé muy bien que tu Hijo te honra tanto, que no puede negarte nada, haz, ¡oh, mi queridísima Madre, que sienta fácil y rápidamente, plena y eficazmente el socorro de tu misericordioso corazón y, según la voluntad de tu dulcísimo Hijo, que acata la voluntad de aquellos que lo temen y se complacen en él, según la plegaria y el deseo de su corazón y según la necesidad en la que me encuentro por varios motivos y principalmente por éste por el cual invoco tu Santo Nombre y la virtud de su socorro, con el fin de que te complazca conseguirme de tu amabilísimo Hijo una esperanza firme, una perfecta caridad dentro de la fe católica, una contrición de corazón verdadera, una fuente de lágrimas santas, una sincera y perfecta confesión, una satisfacción digna y suficiente, una diligente vigilancia sobre mí para el futuro, un gran desprecio del mundo, un amor verdadero para mi Dios y mi semejante, una limitación de los dolores de tu queridísimo Hijo, y la misma muerte si hay que soportarla, un cumplimiento de mis deseos, la perseverancia para las buenas voluntades, una conversación que te complazca, un afortunado óbito, y un verdadero arrepentimiento al final de mi vida, con buen sentido, una palabra libre y un juicio final; en fin, la vida eterna en la compañía de las almas de mis parientes, de mis amigos, de mis hermanos, de mis hermanas y de mis benefactores, tanto vivos como fallecidos. ¡Así sea!

Oración de la gran virtud

Esta plegaria puede emplearse para ser atendido en toda demanda que no esté precisada en las plegarias antes indicadas y, en especial, cuando se trate de conmover el alma de un superior, de un igual o de un subalterno y para conseguir cualquier tipo de favor temporal.

† ¡Oh, Theos!, ¡oh, Dios mío!, haz estallar la gloria de tu Nombre, y sálvame.

Agios, ¡oh, Theos!, ¡oh, Dios santo!, ahora que he confesado mi crimen y que ya no guardo mis ofensas en secreto, perdóname.

Ischyros, ¡oh, Theos!, ¡oh, Dios fuerte!, desenvaina la espada a mi favor.

Athanatos, ¡oh, Theos!, ¡oh, Dios inmortal!, decide la pérdida de los que me persiguen injustamente.

Agrios, ¡oh, Theos, Ischyros, Athanatos, eleison himas!: ¡Oh, Dios Santo, Fuerte e Inmortal! ten piedad de nosotros.

Sanctus, Sanctus, Sanctus: Dios tres veces Santo, despierta mi espíritu y enséñame a dirigirte mis homenajes, a adorarte, a glorificarte.

Panton ¡oh, Theos, Dios universal de todos los hombres!, Sabaoth, Dios de los ejércitos, no me abandones al furor de mis enemigos y sálvame de aquellos que se alzan por todos lados con el propósito de confundirme. Jesús, álzate para corresponderme.

Messias, Soter, Emmanuel; Mesías, Salvador, ¡oh, Dios que estás con nosotros!, recúbrete con tus armas, toma tu escudo y sálvame.

Baño, Flor, Luz, Alabanza, Lanza, Espíritu, Puerta, Piedra, Roca, que aquellos que os ultrajen sientan el efecto de vuestra justicia.

Señor Todopoderoso, destruye a los que se adelantan para atacarme.

Jesús, mi Salvador, haz que no puedan defenderse; sostén mi alma y asegúrame que quieres salvarla.

Jesús, mi Señor, déjate enternecer por mis plegarias, ven y líbrame de aquellos que me afligen y me calumnian. Dios mío, considera los males que sufro justamente por mis pecados: dígnate a purificarme de estos pecados: apresúrate y con tu gracia, purifícame hasta tal punto, que se apague en mí todo espíritu de fornicación y que me anime continuamente a hacer el bien: lo que te suplico me concedas por la fuerza y la virtud † de Dios Padre, † de Dios Hijo, † de Dios el Espíritu Santo, que es eterna y sin fin y reina por todos los siglos de los siglos. ¡Así sea!

Plegaria para una buena muerte y la salvación del alma

Jesús, Hijo del Dios viviente, ayúdame, Salvador del mundo, sálvame. Virgen Santa, ruega a tu bien amado Hijo por mí. Reina de los ángeles, Memoria de los Bienaventurados, ayúdame en la hora de mi muerte, en esta terrible hora en la que mi alma dejará a mi cuerpo. Ruega por mí a tu querido Hijo, con el fin de que se digne perdonarme todos mis pecados. ¡Así sea!

Virgen María, Madre de Dios, llena de gracia, fuente pura y consuelo de los pecadores, Reina de los ángeles, más bella y más blanca que la nieve, te entrego mi alma en la hora de mi muerte, con el fin de que me consigas de tu querido Hijo el perdón de todas mis faltas. ¡Así sea! † Jesús, María, José, ayúdame, Madre de Nuestro Señor Jesucristo, Reina de los ángeles, Reina de los Patriarcas, Reina de los Apóstoles, Reina de los Mártires, Reina de las Vírgenes, Reina de todos los Santos, Luz de todos los Fieles, Fuente de Misericordia, Consoladora de los pecadores, ayúdame en la hora de mi muerte, con el fin de que pueda gozar contigo la vida eterna.

¡Así sea!

Plegaria para defenderse de las acusaciones injustas

Señor, Dios mío, me refugio en ti; sálvame de todos los que me persiguen y líbrame de ellos; que nadie arrebate mi alma como león, y la despedace y no haya quien me libre.

Señor, Dios mío, si he hecho eso, si hay iniquidad en mis obras, si he procurado algún mal a quien me quería bien, yo que salvé a mis injustos opresores; persiga mi enemigo a mi alma y se apodere de ella, pisotee mi vida por el suelo, y arrastre mi honor por el fango.

[Pausa]

Levántate, Señor, en tu ira, yérguete con furor contra mis opresores, y levántate en mi defensa en el juicio que convocaste, y la asamblea de las naciones te circunde; siéntate en lo alto por encima de ella.

El Señor juzga a las naciones.

Devuélveme el derecho, Señor, según mi justicia y según la inocencia que mora en mí.

Cese la maldad de los impíos, y confirma al justo, tú, Dios justo, que escudriñas los corazones y las entrañas.

Mi defensa está en Dios, el que salva a los rectos de corazón. Dios es justo, y el Dios que conmina todos los días.

Si no vuelve a afilar su espada, a tender el arco y asestar.

Y les preparará dardos mortíferos, y hará incandescentes sus flechas.

He aquí, que quien concibió vanidad, anda preñado de malicia, y da a luz fraude.

Cavó y ahondó una fosa, pero cayó en la hoya que él mismo hizo. Su malicia se volverá contra su cabeza, y su violencia rebrotará sobre su cerviz.

Yo en cambio alabaré al Señor por su justicia, cantaré al nombre del Altísimo.

Plegaria contra las adversidades

Bendeciré al Señor en todo tiempo; sus alabanzas siempre en mi boca.

Gloríase mi alma en el Señor; oigan los humildes y alégrense. Glorificad conmigo al Señor, y ensalcemos juntos su nombre. Busqué al Señor y me escuchó, y Él me libró de todos mis temores.

Miradle a Él y estaréis radiantes, y vuestros rostros no se avergonzarán.

Clamó este miserable, y el Señor le escuchó, y le libró de todas sus angustias.

El ángel del Señor asienta sus reales en torno a los que le temen, y los salva.

Gustad y ved cuán bueno es el Señor: feliz el varón que en Él se refugia.

Temed al Señor, ¡oh, santos suyos, pues nada falta a los que le temen.

Los leones pueden sufrir penuria y hambre; pero los que buscan al Señor no carecerán de nada.

Venid, hijos, escuchadme; y os enseñaré el temor de Dios.

¿Quién es el hombre que desea la vida, y ama los días para gozar de bienes?

Preserva tu lengua de lo malo, y tus labios de palabras engañosas; huye del mal y haz el bien, busca la paz y foméntala.

Los ojos del Señor miran a los justos, y sus oídos atentos a sus clamores.

La faz del Señor está contra los malvados para borrar del mundo su memoria.

Claman los justos y el Señor los escucha y los saca de todas sus angustias.

El Señor está cerca de los de ánimo contrito, y salva a los afligidos de espíritu.

Muchos son los peligros del justo; pero el Señor le libra de todos ellos.

Él guarda todos sus huesos, y no se romperá ni uno solo.

La malicia conduce al impío a la muerte, y los que odian serán castigados.

El Señor libra las almas de sus siervos, y no será castigado el que en Él se refugie.

Plegaria para tener éxito en los negocios

¡Oh, Theos! ¡Oh, mi Dios!, haced brillar la gloria de vuestro Nombre y salvadme.

Agios o Theos, ¡oh, Dios Santo!, ahora que os he confesado mi crimen y que ya no mantengo en secreto mis ofensas, perdonadme.

Ischyros o Theos, ¡oh, Dios Inmortal!, *eleison imas*: ¡Oh, Dios Santo!, Fuerte e Inmortal, tened piedad de nosotros,

Sanctus, Sanctus, Sanctus; Dios tres veces Santo, abrid mi espíritu y enseñadme a dirigirme a Vos, a adoraros y a glorificaros.

Panton o Theos, Dios universal de todos los hombres; Sabaoth, Dios de los Ejércitos, no me abandonéis al furor de mis enemigos, y salvadme de los que se alzan por todas partes con intención de perderme.

Jesús, alzaos para socorrerme. Mesías, Sóter, Emmanuel; Mesías, Salvador, ¡oh, Dios que estás entre nosotros!, revestíos de vuestras armas, tomad vuestro escudo y salvadme.

Baño, Flor, Luz, Alabanza, Lanza, Espíritu, Puerta, Piedra, Roca, que aquellos que os ultrajan resientan el efecto de vuestra Justicia.

Señor Todopoderoso, aniquilad a aquellos que avanzan para atacarme.

Jesús, Salvador mío, haced que no puedan defenderse: sostened mi alma y aseguradme que la salvaréis.

Jesús, mi Señor, apiadaos de mis oraciones y liberadme de aquellos que me afligen y me calumnian.

Considerad, Dios mío, los males que padezco justamente a causa de mis pecados; purificadme de mis pecados; apresuraos y purificadme por vuestra gracia, que apague en mí todo espíritu de fornicación, que me inflame continuamente y me impulse a hacer el bien: es lo que os suplico me concedáis por la fuerza y la virtud † de Dios Padre † de Dios Hijo † de Dios Espíritu Santo, que es Eterno y sin fin, y reina por los siglos de los siglos, amén.

Plegaria para realizar buenas alianzas

Firme está mi corazón, ¡oh, Dios!, cantaré y salmodiaré.

¡Despierta, alma mía! ¡Despertad, arpa y cítara! Despertaré la aurora.

Te alabaré, Señor mío, ante los pueblos, y te salmodiaré ante las naciones, porque es grande hasta los cielos tu bondad y tu fidelidad hasta las nubes.

Muéstrate elevado sobre los cielos, ¡oh, Dios, y resplandezca tu gloria sobre toda la Tierra.

Para que sean libres tus amados, ayuda con tu diestra y óyenos. Dios ha hablado por su santidad; me alegraré y ocuparé Siquem, y mediré el valle de Sucot; mía es la tierra de Galaad y mía la tierra de Manasés, y Efraím, yelmo de mi cabeza, Judá, cetro mío, Moab, lebrillo en que me lavo; sobre Aram arrojaré mi calzado, triunfaré de Filistea.

¿Quién me conducirá a la ciudad fortificada?, ¿quién me llevará hasta Idumea?

¿No eres tú, ¡oh, Dios mío!, el mismo que nos rechazó y no sales ya con nuestros ejércitos?

Danos tu auxilio contra el enemigo, pues el socorro de los hombres es vano.

Por Dios haremos proezas, y Él conculcará a nuestros enemigos.

Plegaria para las almas que sufren en el más allá

Desde lo más profundo clamo a ti, Señor; Señor mío, escucha mi voz.

Presten atención tus oídos a la voz de mis plegarias.

Si guardas memoria de los delitos, Señor, Señor mío, ¿quién podrá resistir?

Pero en ti está el perdón, para que seas reverenciado.

Confío, ¡oh, Señor!, mi alma confía en tu palabra.

Mi alma espera al Señor más que los guardias la aurora.

Más que los guardias la aurora espera Israel al Señor; porque en el Señor está la misericordia y en Él hay redención generosa.

Él mismo redimirá a Israel de todas sus iniquidades.

Plegaria contra las falsas amistades

Escucha, ¡oh, Dios!, con tus oídos mi plegaria, y no te apartes de mi súplica, atiéndeme y respóndeme.

Me agito alrededor gimiendo, perturbado por las amenazas del enemigo, por la opresión del inicuo; porque me sobrevienen males y con furia me asaltan.

Mi corazón se conturba en mi pecho, y pavor de muerte cae sobre mí.

Temor y espanto vienen sobre mí, y me cubre el horror.

Y digo: «¡Oh, si tuviera alas como la paloma, volaría y descansaría!».

¡Cómo huiría lejos, lejos, y permanecería en el desierto! [Pausa]

Me buscaría pronto un refugio contra el torbellino y la tormenta. Disipa, ¡oh, Señor!, y divide sus lenguas, pues veo riñas y discordias en la ciudad, que día y noche merodean en torno a sus muros, y dentro de ella hay iniquidad y opresión.

En sus calles hay asechanzas, y de sus plazas no se apartan la injuria y la falsía.

Si me hubiera afrentado el enemigo, en verdad lo hubiera sobrellevado; si se hubiera levantado contra mí el que me odia, me hubiera guardado de él.

Pero era, por el contrario, un igual, amigo y familiar mío, con quien tuve dulce trato, anduvimos en la casa de Dios con dulce consorcio.

Caiga la muerte sobre ellos, desciendan vivos a los infiernos, pues hay maldades en sus habitaciones, en medio de ellos.

Yo, en cambio, clamo al Señor, y el Señor me salvará.

Por la tarde y por la mañana y al mediodía, me lamento y gimo, y escuchará mi voz:

«Redime para la paz mi alma de los asaltos, pues muchos van contra mí.»

[Pausa]

Me escuchará Dios y les humillará, Él sentado desde la eternidad, pues no cambian, ni temen a Dios.

Todos levantan sus manos contra aquellos con los que habían jurado paz y violan el pacto.

Su rostro es más blando que la manteca, pero su corazón es belicoso: sus palabras son más suaves que el aceite, pero son espadas desenvainadas.

Confía tu cuidado al Señor. El te sostendrá; no permitirá jamás que el justo vacile.»

Y tú, ¡oh, Dios!, los precipitarás en la tumba de la perdición.

Los criminales y fraudulentos no llenarán la mitad de sus días; mas yo espero en ti, Señor.

Plegaria contra la angustia

Ten misericordia de mí, ¡oh, Señor!, ten misericordia, pues en ti me refugio, y me refugio a la sombra de tus alas, mientras pasa la borrasca.

Clamo al Dios Altísimo, al Dios que me hace bien.

Envíe desde el cielo su socorro y sálveme, mientras me llena de insultos el enemigo perseguidor.

[Pausa]

Envíe el Señor su gracia y fidelidad.

Mi vida está en medio de leones, moro entre hombres que lanzan llamas, sus dientes son lanzas y saetas, y su lengua espada afilada.

Muéstrate excelso sobre los cielos, ¡oh, Dios!, y tu gloria extiéndase sobre toda la Tierra.

Prepararon una red a mis pasos, para hacerme caer; cavaron ante mí una fosa, y han caído dentro de ella.

Firme está mi corazón, ¡oh, Dios!, firme está mi corazón; cantaré y entonaré salmos.

Levántate, alma mía; levantaos, arpa y cítara; quiero despertar la aurora.

Te alabaré, Señor, en los pueblos, te cantaré salmos en las naciones; porque sobrepasa los cielos tu misericordia, y tu fidelidad va más allá de las nubes.

Muéstrate excelso sobre los cielos, ¡oh, Dios!, y tu gloria extiéndase sobre toda la Tierra.

Plegaria contra la avaricia

Señor, ¿quién morará en tu tabernáculo? ¿Quién habitará en tu santo monte?

El que vive sin mancilla y obra la justicia, y dice sinceramente lo que tiene en su corazón.

No calumnia con su lengua ni hace mal alguno a su prójimo, ni admite calumnias contra su vecino.

El que juzga despreciable al réprobo y honra a los temerosos de Dios.

El que aunque haya jurado en su propio daño no vuelve atrás, ni presta su dinero con usura, ni recibe dones en daño del inocente.

El que hace estas cosas no será jamás derribado.

Plegaria para los enfermos de cáncer

Señor, no me reprendas en tu enojo, ni me castigues en tu indignación; pues se han clavado en mí tus saetas, y cayó tu mano sobre mí.

No hay en mi carne parte sana por tu indignación, no hay en mí hueso entero a causa de mis pecados; porque mis culpas se elevaron sobre mi cabeza, como pesada carga me oprimen.

Fétidas y corrompidas están mis heridas, a causa de mi insensatez.

Ando inclinado y muy encorvado, todo el día voy apesadumbrado; pues mis lomos están todos enfermos y no hay en mi cuerpo parte intacta.

He languidecido, estoy muy abatido, rujo por los gemidos de mi corazón.

Señor, delante de ti está todo mi suspiro, y no se te oculta mi gemido.

Palpita mi corazón, me abandonan las fuerzas, y aun la misma luz de mis ojos me falta.

Mis amigos y compañeros se quedan lejos de mi desgracia; y mis parientes se paran a lo lejos.

Y los que atentan a mi vida me tienden lazos, y los que buscan mi mal amenazan destrucción y continuamente me arman celadas.

Mas yo, como sordo, no oigo, y soy como mudo que no abre sus labios; he quedado como hombre que no oye, y que no tiene respuesta en su boca.

Porque en ti, Señor, confío: tú responderás, Señor, Dios mío.

Porque yo digo: «No se alegren a mi costa, cuando mi pie resbala, que no se ensorbebezcan contra mí».

Porque yo estoy sujeto a caídas, y mi dolor está siempre ante mis ojos.

Sí, yo confieso mi culpa, y siento angustia por mi pecado.

Pero los que me contrarían sin motivo son poderosos, y muchos los que me odian injustamente; y los que me devuelven mal por bien me hostigan porque amo el bien. No me abandones, Señor; Dios mío, no te alejes de mí. Apresúrate a socorrerme, Señor mío, salvación mía.

Plegaria para aquellos que están cautivos

El Señor es mi luz y mi salvación; ¿a quién temeré?

El Señor es el baluarte de mi vida; ¿ante quién temblaré? Cuando me asedian los malos para comer mis carnes, mis adversarios y enemigos vacilan y caen.

Aunque un ejército acampe contra mí, no temerá mi corazón; si se levantara guerra contra mí, yo estaré tranquilo.

Una sola cosa pido al Señor, y ésa busco: morar en la casa del Señor todos los días de mi vida, para gozar de la suavidad del Señor y para visitar su santuario.

Porque me esconderá en su tienda en el día aciago; y me ocultará en lo más recóndito de su tabernáculo, y me pondrá sobre una roca.

Yergo mi cabeza sobre los enemigos que me rodean e inmolaré en su tienda víctimas de júbilo; cantaré y entonaré himnos al Señor.

Escucha, Señor, mi voz con que clamo a ti; apiádate de mí y óyeme.

Por ti me dice el corazón: «Buscad mi rostro»; tu rostro buscaré, Señor.

No me escondas tu rostro, no rechaces en tu ira a tu siervo, pues mi auxilio eres tú; no me eches de ti ni me abandones, Dios mío, salvador mío. Si mi padre y mi madre me abandonaran, el Señor me recibirá.

Enséñame, Señor, mi camino, y condúceme por senda recta, por mis adversarios.

No me entregues al furor de mis enemigos, porque se levantaron contra mí acusadores mentirosos y gente que respiran violencia.

Creo que veré los bienes de Dios en la tierra de los que viven.

Espera en el Señor, sé fuerte, confórtese tu corazón y espera en el Señor.

Plegaria para tener buen carácter

Alégrase, Señor, el rey de tu potencia, y ¡cuánto se regocija por tu ayuda!

Cumplístele el deseo de su corazón, y no rechazaste la petición de sus labios.

Pues le preveniste con faustas bendiciones y colocaste sobre su cabeza una corona de oro fino.

Te pidió la vida, y se la concediste; longevidad de años, interminables, eternos.

Grande es su gloria con tu auxilio, acumulaste sobre él majestad y honor.

Pues le haces objeto de bendiciones incesantes, y le colmas de alegría en tu presencia; porque el rey confía en el Señor, y por el favor del Altísimo no será conmovido.

Caerá tu mano sobre todos tus enemigos, tu diestra encontrará a los que te aborrecen.

Al hacerles ver tu rostro, ¡oh, Señor!, métlos como en un horno encendido, que los consuma furibundo, y que el fuego los devore.

Borra su prole de la tierra y su estirpe de entre los hombres; porque se volvieron contra ti con malas artes, y te urden asechanzas sin efecto; pues les harás volver las espaldas, asestarás con tu arco a su rostro.

Levántate, Señor, con tu poder, y celebraremos y cantaremos tu fortaleza.

Plegaria contra las pesadillas

¡Oh, tú!, que vives bajo la égida del Altísimo, tú, que moras a la sombra del Omnipotente, di al Señor: «Refugio mío y roca mía, Dios mío, en quien confío».

Porque Él te librará de la red de los cazadores, del caso funesto, con sus plumas te protegerá, y te refugiarás bajo sus alas; su fidelidad es escudo y coraza.

No temerás el terror nocturno, ni la saeta que vuela durante el día; ni la peste que serpea en las tinieblas, ni la muerte que hace estragos a mediodía.

Caerán mil a tu lado y diez mil a tu derecha, pero a ti no se acercará. Pero tú lo contemplarás con tus ojos, y verás la recompensa de los malvados.

Diciendo: «El Señor es mi refugio» hiciste al Altísimo defensa tuya; no se te acercará el mal, ni se aproximará a tu morada el azote; pues mandó a sus ángeles tener cuidado de ti para que te guarden en todos tus pasos.

Te llevarán ellos en las palmas de las manos, para que tu pie no tropiece en alguna piedra.

Caminarás sobre el león y la víbora, y pisarás al león y a la serpiente.

Porque se adhirió a mí, le libraré, le protegeré, porque conoce mi nombre.

Apenas me invoque, yo le escucharé, estaré con él en la tribulación, le libraré y le honraré.

Lo saciaré con una vida larga y le daré a ver mi salvación.

Plegaria contra las enfermedades del corazón

Dice el insensato en su corazón: «Dios no existe». Se corrompen, hacen cosas abominables; no hay quien obre el bien.

El Señor desde el cielo contempla a los hombres, para ver si hay quien entienda y busque a Dios.

Todos juntos se extraviaron y se han depravado, no hay quien obre el bien, ni uno solo.

¿Y no caerán en la cuenta todos los malhechores, que devoran a mi pueblo, devorando y tragando?

Donde no se invoca al Señor, allí se tiembla con pavor, porque Dios está con la generación de los justos.

Queréis despreciar los planes del afligido: pero el Señor es su refugio.

¡Ojalá venga de Sión la salvación de Israel!

Cuando el Señor restaure la suerte de su pueblo, se regocijará Jacob y se alegrará Israel.

Plegaria para tener éxito en los negocios

Honrad al Señor, invocad su nombre, dad a conocer sus obras entre las gentes.

Cantadle y salmodiadle, narrad todas sus maravillas.

Gloriaos de su santo nombre, alégrese el corazón de los que buscan al Señor.

Considerad al Señor y su poder, buscad siempre agradarle. Acordaos de las maravillas que obró, de sus prodigios y de los juicios de su boca, ¡oh, descendencia de Abraham!, su siervo, hijos de Jacob, su elegido.

Él es el Señor, nuestro Dios; en toda la Tierra rigen sus juicios. Se acuerda eternamente de su alianza, de la promesa hecha a miles de generaciones, del pacto que hizo con Abraham, del juramento hecho a Isaac, que confirmó como decreto firme a Jacob, alianza eterna para Israel, diciendo: «Te daré la tierra de Canaán, como porción hereditaria vuestra», cuando eran pocos en número tenidos en poco y peregrinos.

Cuando emigraron de nación en nación, y de este reino a aquel pueblo, a nadie permitió oprimirlos, y castigó a los reyes por amor a ellos:

«No toquéis a las personas consagradas a mí, ni hagáis daño a mis profetas.»

Luego, llamada el hambre sobre la Tierra, y sustraído todo medio de sustentación, envió ante ellos un varón, José, vendido como esclavo.

Él, con sus pies amarrados con grillos, fue encadenado con hierros; hasta que se cumplió su predicción, y la palabra de Dios lo comprobó.

Un rey dio orden y lo soltaron, un príncipe de pueblos lo liberó, lo constituyó señor de su propia casa y administrador de todos sus bienes, para que instruyese a sus magnates con su ejemplo, y enseñara a sus ancianos la sabiduría.

Entonces Israel entró en Egipto y Jacob fue huésped en tierra de Cam.

Dios multiplicó mucho su pueblo y lo hizo más fuerte que sus enemigos.

Éstos se volvieron a odiar a su pueblo, y a tratar arteramente a sus siervos; entonces envió a Moisés, su siervo, y a Aarón, a quien había elegido, quienes obraron entre ellos muchos prodigios y milagros en la tierra de Cam.

Mandó tinieblas y se hizo oscuridad; no encontraron resistencia sus palabras.

Convirtió sus aguas en sangre, y mató sus peces.

Cubrióse su país de ranas, hasta en las alcobas de sus reyes.

A una palabra suya vinieron tábanos y mosquitos en todos sus confines.

Dioles granizo en vez de lluvia, fuego llameante por sus campos, e hirió sus vides y sus higueras, y destrozó los árboles de su territorio.

A una palabra suya vinieron langostas y saltamontes sin cuento, que devoraron toda la hierba de su país y devoraron los frutos de su campo.

Hirió a todos los primogénitos de la nación, las primicias de toda su juventud.

Los sacó cargados con oro y plata, y no hubo débil en sus tribus. Alegráronse los egipcios de su partida, porque el temor de ellos les había invadido.

Extendió una nube de protección y fuego que iluminara por la noche.

Pidieron, e hizo venir codornices, y los sació con pan del cielo.

Abrió la roca y manó agua, que corrió como un río por el desierto.

Acordándose de su santa palabra que había dado a Abraham, su siervo, sacó a su pueblo con gozo, y a sus escogidos con alegres clamores, y les dio las tierras de los gentiles, haciéndoles herederos de los sudores de las naciones, para que guarden sus preceptos y observen sus leyes.

Plegaria para aquellos que están convalecientes de alguna enfermedad

Aclamad a Dios, ¡oh, mundo entero!, cantad la gloria de su nombre; tributadle preclaras alabanzas!

Di a Dios: «¡Cuán admirables son tus obras!

¡Por la grandeza de tu poder te rinden obsequio tus enemigos!». Adórete toda la Tierra y te cante, cante tu nombre.

[Pausa]

Venid y contemplad las obras de Dios; realizó cosas admirables entre los hombres.

Convirtió el mar en tierra seca, a pie pasaron el río; por esto regocijémonos en Él.

Con su poder domina eternamente, sus ojos observan a las gentes; para que no se ensoberbezcan los rebeldes.

[Pausa]

Bendecid, ¡oh, pueblos!, a nuestro Dios, y divulgad la fama de su alabanza, de Aquel que puso a salvo nuestra vida y no permitió que vacilara nuestro pie.

Porque, ¡oh, Dios!, nos has probado, nos has probado como se prueba la plata; nos llevaste a la emboscada, impusiste a nuestros lomos pesada carga; hiciste pasar hombres sobre nuestras cabezas, pasamos por agua y por fuego; pero nos diste sosiego.

Entraré en tu casa con holocaustos, te cumpliré mis votos, que profirieron mis labios y que prometió mi boca en el momento de la tribulación.

Te ofreceré holocaustos de pingües ovejas con el perfume de los carneros, te inmolaré bueyes con cabritos.

[Pausa]

Venid, todos los que teméis a Dios, y escuchad cuán grandes cosas hizo a mi alma.

Clamé a Él con mi boca y le alabé con mi lengua.

Si hubiera intentado maldad en mi corazón, el Señor no me hubiera escuchado; pero Dios me escuchó y atendió a la voz de mi súplica.

Bendito sea Dios, que no rechazó mi oración, ni retiró de mí su misericordia.

Plegaria contra los deudores o para recuperar las deudas

No te irrites por los que obran mal, ni envidies a los que obran la iniquidad; pues, como el heno, pronto caerán, y como la hierba verde se marchitarán.

Espera en el Señor y practica el bien, para habitar la tierra y gozar de seguridad.

Pon en el Señor tus esperanzas, y te concederá lo que pide tu corazón.

Confía al Señor tus caminos, espera en Él, y Él obrará.

Él hará que brote tu justicia como la luz, y tu derecho como un mediodía.

Descansa en el Señor y en Él espera, no te irrites por el que prospera en su camino, por el hombre que comete fraudes. Ceja en tu enojo y depón la ira; no te irrites, no sea que hagas lo malo; pues los malhechores serán destruidos, mas los que esperan en el Señor poseerán la tierra.

Un poco, y el impío desaparecerá; y si atiendes a su lugar, ya no está allí.

Mas los mansos poseerán la tierra, y se deleitarán en abundancia de paz profunda.

El impío trama maldades contra el justo, y contra él rechina sus dientes; mas el Señor se ríe de él, porque ve que le llegará su día.

Desenvainan su espada los impíos y tienden su arco para echar por tierra al miserable y al pobre, y matar a los que andan por camino recto.

Su espada penetrará hasta su corazón, y sus arcos quedarán hechos trizas.

Lo poco que posee el justo es mejor que la gran opulencia de los malos; porque se quebrarán los brazos de los impíos, y a los justos los sustenta Dios.

El Señor mira los días de los buenos, y su herencia será eterna. No serán confundidos en tiempo de calamidad, y en los días de hambre serán saciados.

Mas los impíos perecerán, y los enemigos de Dios, como la hermosura de los prados, se marchitarán, como el humo desaparecerán.

El impío pide prestado y no devuelve, mas el justo se compadece y regala.

Pues los bendecidos por el Señor poseerán la tierra, y los maldecidos por Él serán destruidos.

El Señor afianza los pasos del hombre que Él guía, y le es acepto su camino.

Aunque caiga, no queda postrado, porque el Señor le tiene de la mano.

Fui joven, y ya soy anciano, y jamás vi al justo abandonado, ni a su descendencia mendigando el pan.

En todo tiempo se compadece y presta, y su descendencia será bendecida.

Apártate del mal y obra el bien, y tendrás fija morada por siempre; porque el Señor ama la justicia y no abandona a sus devotos. Los malvados son destruidos, y la descendencia de los impíos es desgajada; pero los justos poseerán la tierra, y morarán en ella para siempre.

La boca del justo habla la sabiduría, su lengua profiere lo que es recto; la ley de Dios mora en su corazón, y no vacilan sus pasos. El impío observa al justo, y anhela quitarle la vida.

El Señor no le dejará en sus manos, ni le condenará cuando sea juzgado.

Confía en el Señor y tú sigue su camino, y te exaltará para que poseas la tierra y verás con alegría el exterminio de los malvados.

Vi al impío ensoberbeciéndose y engrandeciéndose como frondoso árbol.

Y volví a pasar, y ya no existía; y lo busqué, y no fue hallado. Observa al bueno y considera al justo, porque al final este hombre es feliz; mas los pecadores son todos exterminados, el porvenir de los impíos es desgajado.

La salvación de los justos viene del Señor; es su refugio en tiempo de adversidad; y el Señor los ayuda y los libra, los libra de los impíos y los guarda, porque acudieron a Él.

Plegaria para ser más disciplinado

Al ser atribulado clamé al Señor, y Él me escuchó.

Señor, libra mi alma del labio engañoso y de la lengua taimada. ¿Qué te dará o qué te añadirá la lengua taimada?

Saetas agudas de un fuerte tirador, y a la vez brasas de junípero.

¡Ay de mí! ¡Que habito como extraño entre los moscos, y vivo en las tiendas de Cédar!

Mi vida se alargó demasiado con los que odian la paz.

Yo soy todo paz; y ellos, apenas hablo, empujan a la guerra.

Oración para obtener toda suerte de dones

Los cielos narran la gloria de Dios, y el firmamento proclama las obras de sus manos.

Un día comunica la palabra al otro día, y una noche notifica el relato a la otra noche.

No tienen palabra ni lenguaje cuyo sonido no se perciba.

Su sonido se difunde por toda la Tierra, y hasta los confines del mundo van sus palabras.

Puso en ellos una estancia para el sol, que sale como esposo de su tálamo, y se alegra cual campeón recorriendo su camino. En un extremo del cielo tiene su salida, y su círculo va hasta el otro extremo, y nada se sustrae a su calor.

La ley del Señor es perfecta, conforta el alma; el mandato es firme, instruye al ignorante; los preceptos del Señor, deleitan el corazón; el mandato del Señor, puro, ilumina los ojos; el temor de Dios, sincero, permanece por siempre; los juicios de Dios, veraces, todos ellos inspirados en la justicia, mucho más deseables que el oro, y el oro finísimo, más dulces que la miel, que la miel virgen.

Aunque tu siervo atiende a ellos, y es muy cuidadoso en su observancia, pero ¿quién es capaz de conocer los yerros? Límpiame de los pecados inadvertidos; libra a tu siervo también de los voluntarios, para que no me dominen.

Y entonces seré íntegro y limpio completamente del pecado. Sean aceptadas las palabras de mi boca y los sentimientos de mi corazón, ante tus ojos, Señor, fortaleza mía y redentor mío.

Oración para obtener un préstamo

¡Oh, Dios!, complácete en librarme; Señor, apresúrate a socorrerme.

Queden confundidos y avergonzados los que atentan contra mi vida; retrocedan y llénense de vergüenza los que se gozan en mi ruina.

Retrocedan cubiertos de confusión los que me dicen: «¡Bien, bien!».

Alégrense y regocíjense en ti todos los que te buscan y digan siempre: «Sea Dios engrandecido». Los que anhelan tu auxilio. Mas yo soy miserable y pobre; ¡oh, Dios!, socórreme.

Tú eres mi auxiliador y mi libertador; ¡oh, Señor!, no tardes.

Plegarias para tener hijos

1

Dichoso el varón que no sigue el consejo de los impíos, y no pone el pie en la senda de los viciosos, ni toma asiento en la asamblea de los protervos; sino que pone sus delicias en la ley de Dios, meditándola día y noche.

Y es semejante al árbol plantado junto a las corrientes de las aguas, que da fruto a su tiempo, y cuyas hojas no se marchitan; y todo lo que emprende prospera.

No así los impíos, no así, sino que son como paja que lleva el viento. Por eso no quedarán en pie los malos en el juicio, ni los viciosos en la asamblea de los justos; pues a Dios es conocida la senda de los justos, y la senda de los malvados acaba mal.

2

Escucha, Señor, la justicia; atiende a mi clamor; presta oídos a mi oración, de labios no falaces.

De ti proceda tu juicio sobre mí: tus ojos vean lo que es recto. Escudriña mi corazón, visítalo de noche, si me pones a prueba con fuego, no hallarás en mí iniquidad.

No se propasó mi lengua, según el uso humano; yo me atuve a las palabras de tus labios.

Camino con paso firme por los caminos del deber, sin que mis pies vacilen en tus senderos.

Te he invocado, porque me escucharás, Dios mío; inclina hacia mí tu oído, y escucha mis palabras.

Ostenta tu admirable misericordia, ¡oh, salvador de los que se refugian en tu diestra, huyendo de los adversarios! Guárdame como a la pupila del ojo, bajo la sombra de tus alas escóndeme, frente a los malvados, que me hacen violencia, a mis enemigos mortales que me cercan.

Cierra su insensible corazón, con su boca hablan soberbiamente. Me acechan y asedian; clavan en mí sus ojos para echarme por tierra, semejantes al león, que hambrea su presa, y al cachorro del león, oculto en su guarida.

Levántate, Señor, hazle frente y póstralo por tierra; libra mi alma del inicuo; tu espada me salve de los mortales, tu mano, ¡oh, Señor!, de los mortales, de esos hombres cuyo tesoro es esta vida presente cuyo vientre llenas con tus riquezas, cuyos hijos quedan hartos, y dejan para sus pequeños lo que les sobra.

Yo, en cambio, por tu justicia veré tu rostro al despertarme, saciaré mi alma contemplándote.

3

No te irrites por los que obran mal, ni envidies a los que obran la iniquidad; pues, como el heno, pronto caerán, y como la hierba verde se marchitarán.

Espera en el Señor y practica el bien, para habitar la tierra y gozar de seguridad.

Pon en el Señor tus esperanzas, y te concederá lo que pide tu corazón.

Confía al Señor tus caminos, espera en Él, y Él obrará.

Él hará que brote tu justicia como la luz, y tu derecho como un mediodía.

Descansa en el Señor y en Él espera, no te irrites por el que prospera en su camino, por el hombre que comete fraudes.

Ceja en tu enojo y depón la ira; no te irrites, no sea que hagas lo malo; pues los malhechores serán destruidos, mas los que esperan en el Señor poseerán la tierra.

Un poco, y el impío desaparecerá; si atiendes a su lugar, ya no está allí.

Mas los mansos poseerán la tierra, y se deleitarán en abundancia de paz profunda.

El impío trama maldades contra el justo, y contra él rechina sus dientes; mas el Señor se ríe de él, porque ve que le llegará su día.

Desenvainan su espada los impíos y tienden su arco para echar por tierra al miserable y al pobre, y matar a los que andan por camino recto.

Su espada penetrará hasta su corazón, y sus arcos quedarán hechos trizas.

Lo poco que posee el justo es mejor que la gran opulencia de los malos; porque se quebrarán los brazos de los impíos, y a los justos los sustenta Dios.

El Señor mira los días de los buenos, y su herencia será eterna. No serán confundidos en tiempo de calamidad, y en los días de hambre serán saciados.

Mas los impíos perecerán, y los enemigos de Dios, como la hermosura de los prados, se marchitarán, como el humo desaparecerán.

El impío pide prestado y no devuelve, mas el justo se compadece y regala.

Pues los bendecidos por el Señor poseerán la tierra, y los maldecidos por Él serán destruidos.

El Señor afianza los pasos del hombre que Él guía, y le es acepto su camino. Aunque caiga, no queda postrado, porque el Señor le tiene de la mano.

Fui joven, y ya soy anciano, y jamás vi al justo abandonado, ni a su descendencia mendigando el pan.

En todo tiempo se compadece y presta, y su descendencia será bendecida.

Apártate del mal y obra el bien, y tendrás fija morada por siempre; porque el Señor ama la justicia, y no abandona a sus devotos.

Los malvados son destruidos, y la descendencia de los impíos es desgajada; pero los justos poseerán la tierra, y morarán en ella para siempre.

La boca del justo habla la sabiduría, su lengua profiere lo que es recto; la ley de Dios mora en su corazón, y no vacilan sus pasos.

El impío observa al justo, y anhela quitarle la vida.

El Señor no le dejará en sus manos, ni le condenará cuando sea juzgado.

Confía en el Señor y tú sigue su camino, y te exaltará para que poseas la tierra y verás con alegría el exterminio de los malvados.

Vi al impío ensoberbeciéndose y engrandeciéndose como frondoso árbol.

Y volví a pasar, y ya no existía; y lo busqué, y no fue hallado.

Observa al bueno y considera al justo, porque al final este hombre es feliz; mas los pecadores son todos exterminados, el porvenir de los impíos es desgajado.

La salvación de los justos viene del Señor; es su refugio en tiempo de adversidad; y el Señor los ayuda y los libra, los libra de los impíos y los guarda, porque acudieron a Él.

4

Señor, escucha mi plegaria, y mi clamor llegue a ti; no escondas de mí tu rostro.

En el día de mi tribulación inclina a mí tu oído; cuando te invoco, óyeme pronto; pues mis días se deshacen como el humo, y mis huesos arden como brasas.

Quemado como hierba aridece mi corazón, me olvido hasta de comer mi pan.

Por la vehemencia de mi gemido ha quedado en carne y huesos.

Soy semejante al pelícano del desierto, soy como lechuza entre ruinas; desvelado estoy y lloro, como pájaro solitario en el tejado.

Mis enemigos me insultan continuamente, por mi suerte se enfurecen, execran mi nombre.

Como ceniza cual si fuera pan, y mezclo mi bebida con lágrimas, a causa de tu indignación y de tu furor, porque me ensalzaste y me hundiste.

Mis días son semejantes a una sombra alargada, y yo como la hierba me voy secando.

Tú, en cambio, Señor, permaneces eternamente, y tu nombre se extiende a todas las generaciones.

Levántate tú, y sé propicio con Sión, porque es tiempo de apiadarte de ella, pues llegó la hora.

Ya tus siervos aman sus piedras, y se compadecen de sus ruinas. Y los gentiles reverenciarán tu nombre, Señor, y todos los reyes de la Tierra tu gloria, cuando el Señor restaure a Sión y aparezca en su gloria; cuando se vuelva a la plegaria de los desamparados, y no rechace su oración.

Escríbase esto para la generación venidera y el pueblo que se va a crear alabe al Señor porque Él miró desde su santa morada, desde el cielo miró a la Tierra, para escuchar los gemidos de los cautivos, para librar a los condenados a muerte; para que el nombre del Señor se proclame en Sión, y su alabanza en Jerusalén, cuando se reunirán todos los pueblos y los reinos para dar culto al Señor.

Consumió en el camino mis fuerzas, cortó mis días; digo: «Dios mío, no me lleves a la mitad de mis días; tus años duran por todas las generaciones.

En los principios fundaste la tierra, y los cielos son obra de tus Manos.

Y no obstante, ellos van pereciendo, pero tú permaneces; ellos se envejecerán como el vestido; los mudas como un vestido y se cambian; mas tú eres el mismo, y tus años no tienen fin».

Los hijos de tus siervos habiten seguros y su descendencia se perpetúe junto a ti.

5

Si el Señor no edifica la casa, en vano trabajan los que la edifican; si el Señor no guarda la ciudad, en vano vigila el centinela.

Os es inútil levantaros antes del amanecer, trabajar muy entrada la noche, comer el pan del duro trabajo; pues Dios lo da a los que ama, en el sueño.

Don del Señor son los hijos, galardón es el fruto del seno.

Lo que las saetas en la mano de un valiente, eso son los hijos tenidos en la juventud.

Dichoso el varón que con ellos llenó su aljaba; no se sonrojarán al tratar en juicio con los enemigos en las puertas.

Plegarias para defenderse de la locura

1

Consérvame, ¡oh, Dios!, pues recurro a ti.

Digo a Yahvé: «Señor, tú eres mi bien; sin ti nadie es bueno para mí»; a los santos que moran en su tierra: «¡Oh, gente noble, a quien va todo mi afecto!».

Grandes dolores alcanzan a los que siguen dioses ajenos; no libaré yo sus libaciones sanguinarias, ni mis labios pronunciarán su nombre.

 107

El Señor es la parte de mi herencia y mi cáliz; en tus manos está mi suerte.

Las medidas me asignaron campos amenos; y mi herencia me complace sobremanera.

Bendigo al Señor, porque me aconsejó, y aun a aquellas noches en que amonestó mi corazón.

Siempre tengo al Señor delante de mí; porque Él está a mi derecha, no seré movido.

Por esto se alegra mi corazón y se regocija mi alma, y aun mi cuerpo descansará seguro; porque no dejarás mi alma en el reino de los muertos, ni consentirás que tu santo vea la corrupción.

Me enseñarás el camino de la vida, la plenitud de la alegría con tu presencia, y perpetúas delicias a tu diestra.

2

Señor, no me reprendas en tu enojo, ni me castigues en tu indignación; pues se han clavado en mí tus saetas, y cayó tu mano sobre mí.

No hay en mi carne parte sana por tu indignación, no hay en mí hueso entero a causa de mis pecados; porque mis culpas se elevaron sobre mi cabeza, como pesada carga me oprimen.

Fétidas y corrompidas están mis heridas, a causa de mi insensatez.

Ando inclinado y muy encorvado, todo el día voy apesadumbrado; pues mis lomos están todos enfermos y no hay en mi cuerpo parte intacta.

He languidecido, estoy muy abatido, rujo por los gemidos de mi corazón.

Señor, delante de ti está todo mi suspiro, y no se te oculta mi gemido.

Palpita mi corazón, me abandonan las fuerzas, y aun la misma luz de mis ojos me falta.

Mis amigos y compañeros se quedan lejos de mi desgracia; y mis parientes se paran a lo lejos.

Y los que atentan a mi vida me tienden lazos, y los que buscan mi mal amenazan destrucción y continuamente me arman celadas.

Mas yo, como sordo, no oigo, y soy como mudo que no abre sus labios; he quedado como hombre que no oye, y que no tiene respuesta en su boca.

Porque en ti, Señor, confío: tú responderás, Señor, Dios mío.

Porque yo digo: «No se alegren a mi costa, cuando mi pie resbala, que no se ensoberbezcan contra mí».

Porque yo estoy sujeto a caídas, y mi dolor está siempre ante mis ojos.

Pero los que me contrarían sin motivo son poderosos y muchos los que me odian injustamente; y los que me devuelven mal por bien me hostigan porque amo el bien.

No me abandones, Señor; Dios mío, no te alejes de mí. Apresúrate a socorrerme, Señor mío, salvación mía.

3

¡Oh, Dios!, sálvame, pues las aguas me llegaron al cuello.

Estoy sumergido en el fango y no hallo donde afianzar el pie; caí en aguas profundas y las olas me anegan.

Estoy fatigado de clamar, mis fauces están secas, mis ojos se debilitaron de esperar a mi Dios.

Son más que los cabellos de mi cabeza los que me odian sin causa; son demasiados para mis fuerzas los que me contrarían injustamente.

¿Acaso he de restituir lo que no robé?

¡Oh, Dios!, tú conoces mi necedad, y no se te ocultan mis delitos. No sean confundidos por mi causa los que esperan en ti, Señor, Dios de los ejércitos; que no queden avergonzados por causa mía los que te buscan, ¡oh, Dios de Israel!

Porque por ti soporto el oprobio y la confusión cubre mi rostro. Soy un extraño para mis hermanos y un forastero para los hijos de mi madre, porque el celo de tu casa me devora, y los oprobios de los que te ultrajan caen sobre mí.

Afligí mi alma con ayuno, y ello fue en oprobio mío.

Vestime un saco por vestido, y vine a ser la irrisión de ellos. Hablan contra mí los que se sientan, desocupados, a la puerta, y me ultrajan los bebedores de vino.

Mas mi oración se dirige a ti, Señor, en tiempo favorable, ¡oh, Dios!; por tu gran bondad respóndeme con el auxilio tuyo que es constante.

Sácame del fango, para que no me sumerja; líbrame de los que me odian y de las profundidades de las aguas.

No me aneguen las olas de las aguas, ni me absorba el profundo, ni se cierre sobre mí la boca del pozo.

Escúchame, Señor, pues tu gracia es benigna; vuélvete a mí según la muchedumbre de mi misericordia, no escondas a tu siervo tu rostro; pues estoy atribulado, óyeme pronto.

Acércate a mi alma, redímela; líbrame por razón de mis enemigos. Tú conoces mi oprobio y mi ignominia; en tu presencia están todos mis adversarios.

Oprobio y dolor quebrantó mi corazón; y busqué quien se compadeciese, pero no lo hubo; y consoladores, pero no los hallé. Y pusieron hiel en mi comida, y en mi sed me abrevaron con vinagre.

Conviértaseles la mesa en lazo, y sea para los comensales una trampa.

Entenebrézcanse sus ojos para que no vean, y haz que sus piernas vacilen siempre.

Derrama contra ellos tu indignación, y alcánceles el fuego de tu ira.

Sean devastadas sus moradas, y no haya quien habite en sus tiendas. Porque han perseguido al que tú atribulaste, y aumentaron el dolor del que tú heriste.

Añádeles pena sobre pena y no lleguen a ser declarados justos ante ti.

Sean borrados del libro de los vivos, y no estén inscritos entre los justos.

Mas yo soy miserable y doliente; protéjame, ¡oh, Dios! tu auxilio. Alabaré el nombre de Dios con un cántico, y le ensalzaré con acción de gracias; y le agradará a Dios más que un toro, más que un ternero con cuernos y pezuñas.

Considerad, pacientes, y alegraos, y reviva vuestro corazón, pues que buscáis a Dios, porque el Señor oye a los pobres y no desprecia a sus prisioneros.

Alábenle los cielos y la tierra, los mares y cuanto en ellos
se mueve; porque Dios salvará a Sión y reedificará
las ciudades de Judá, y habitarán allí y la poseerán;
la generación de sus siervos la heredará y los que
aman su nombre morarán en ella.

4

¡Cuán bueno es Dios para los justos, el Señor para los
de corazón recto!

Pero mis pies estuvieron a punto de vacilar, casi res-
balaron mis pasos, porque envidiaba a los impíos,
observando la prosperidad de los pecadores.

Pues para ellos no hay tormentos, sano y pingüe está su
cuerpo; con desgracias de mortales no son castigados, ni son como los demás hombres flagelados.

Por esto la soberbia los ciñe como un collar, y la violencia
los cubre como un manto; brota del corazón adipo-
so su iniquidad, salen a luz los caprichos de su alma.

Mófanse de los demás y hablan malignamente, amenazan opresión desde lo alto; atacan al cielo con su
boca, y su lengua recorre la tierra.

Por esto mi pueblo se vuelve a ellos, y sorben aguas
abundantes; y dicen: «¿Cómo lo sabe Dios, y qué
providencia hay en el Altísimo?».

Ved que esos son pecadores, y siempre en sosiego au-
mentan su comodidad.

¡Luego en vano conservé puro mi corazón, y lavé en la
inocencia mis manos; pues en todo tiempo soy atribulado, y castigado cada mañana!

Si yo pensara: «Hablaré como ellos», renegaría del linaje de tus hijos.

Mi afán por comprender estas cosas me pareció muy difícil tarea; porque mi corazón está exasperado, y se aguza mi sentido; pero soy un necio que no entiendo nada y estoy ante ti como un animal, hasta que penetro en los arcanos de Dios y reparo en el fin que ellos tienen.

En verdad los pones en camino resbaladizo, y los precipitas en ruinas.

¡Cómo se derrumbaron en un momento! Dejaron de existir absorbidos con gran terror.

Como a un sueño, cuando uno despierta, Señor, así tú, cuando despiertes, despreciarás su ilusión.

Mas yo estaré siempre contigo, me coges por la mano derecha, me guiarás con tu consejo y me acogerás por fin en la gloria. ¿Quién hay para mí en el cielo fuera de ti? Y nada me deleita en la Tierra.

Desfallece mi carne y mi corazón; fortaleza de mi corazón y herencia mía para siempre es Dios.

Porque he aquí que los que están lejos de ti perecerán, pierdes a todos los que te son infieles.

Mas para mí el bien es estar cerca de Dios, poner en el Señor Dios mi refugio, para contar todas las obras de Él.

5

Es bueno alabar al Señor, y entonar salmos a tu nombre, ¡oh, Altísimo!; anunciar por la mañana tu bondad, y tu fidelidad por la noche.

Con el arpa y con la lira, con cántico al son de la cítara; porque con tus obras, Señor, me deleitas, por las obras de tus manos salto de júbilo.

¡Cuán magníficas son tus obras, Señor, cuán profundos tus designios!

El hombre necio no lo entiende y el insensato no atiende a ello, que aunque los impíos germinen como la hierba, y florezcan todos los que obran mal, están destinados a ruina sempiterna; mas tú, por toda la eternidad, eres excelso, Señor.

Porque he aquí que tus enemigos, Señor, he aquí que tus enemigos perecerán, serán dispersos todos los malhechores.

A mí, en cambio, me das fuerza como la del búfalo, me ungiste con óleo purísimo.

Agradable espectáculo a mis ojos darán mis enemigos, y mis oídos oyeron nuevas alegres de los malignos erguidos contra mí.

El justo florece como palma, como cedro del Líbano crece.

Los que están plantados en la casa del Señor florecen en los atrios de nuestro Dios.

Dan fruto aun en la vejez, están llenos de savia y vigorosos, para proclamar cuán justo sea el Señor, y que en mi Dios no hay nada menos recto.

6

¡Oh, Dios vengador!, ¡oh, Señor!, ¡oh, Dios vengador!, manifiéstate. Levántate tu, ¡oh, juez del mundo!; da a los soberbios su merecido. ¿Hasta cuándo, Señor, los impíos, hasta cuándo los impíos triunfarán?

¿Dirán necedades, hablarán con insolencia y jactaranse los que obran la iniquidad?

Pisotean, Señor, a tu pueblo, afligen a tu heredad, matan a la viuda y al peregrino, asesinan a los huérfanos; y luego dicen: «El Señor no lo ve, ni lo advierte el Dios de Jacob».

Entendedlo, los más brutales del pueblo; y vosotros, insensatos, ¿cuándo tendréis juicio?

El que hizo el oído, ¿no oirá? o quien formó el ojo, ¿no verá? Quien amaestra a los pueblos, ¿no castigará? ¿El que enseña a los hombres sabiduría?

El Señor conoce los pensamientos de los hombres: ¡cuán vanos son!

Feliz el varón a quien tú enseñas, Señor, e instruyes con tu ley, para tranquilizarlo en los días aciagos, mientras se excava la tumba al impío.

No, el Señor no rechaza a su pueblo, ni abandona su heredad; sino que volverá los juicios a la justicia, y los seguirán todos los rectos de corazón.

¿Quién se levantará a mi favor contra los malvados?, ¿quién estará a favor mío contra los malhechores?

De no socorrerme el Señor, pronto mi alma habitaría en el silencio de la muerte.

Cuando pienso: «Mi pie vacila», tu gracia, Señor, me sustenta. Cuando se multiplican en mi corazón las ansiedades, tus consolaciones deleitan mi alma.

¿Por ventura se asociará contigo el tribunal inicuo, y la tiranía sofocará el derecho?

Invaden el alma del justo, y condenan la sangre inocente.

El Señor será para mí ciertamente refugio, y mi Dios la piedra de mi salvación.

Y les pagará sus iniquidades y su misma malicia los aniquilará, los perderá el Señor, Dios nuestro.

Oración para recuperar herencias

Escucha, ¡oh, Dios!, mi clamor; atiende a mi oración.

Clamo a ti desde los confines de la Tierra cuando mi corazón desfallece, que me pongas sobre una roca ardua, pues tú eres mi baluarte, torre fuerte contra el enemigo.

¡Ojalá more yo siempre en tu tabernáculo, me refugiaré bajo tus alas!

[Pausa]

Porque tú, oh Dios, escuchaste mis deseos, me diste la herencia de los que temen tu nombre, añade días a los días del rey, que sus años igualen a muchas generaciones.

Reine eternamente delante de Dios, la clemencia y la fidelidad lo conserven.

Así cantaré siempre tu nombre, y cumpliré mis promesas cada día.

Oración contra las injusticias

Dios, levantado en la asamblea divina, da sentencia en medio de los dioses:

«¿Hasta cuándo juzgaréis inicuamente, y favoreceréis la causa de los impíos?

[Pausa]

Defended al pequeño y al huérfano, haced justicia al afligido y al pobre. Librad al oprimido y al mendigo, sacadle de las manos de los impíos.»

No comprenden ni entienden, andan en tinieblas, vacilan todos los fundamentos de la Tierra.

Yo dije: «Sois dioses, e hijos del Altísimo todos. Con todo, moriréis como un hombre cualquiera, y como uno de tantos caeréis».

Levántate, ¡oh, Dios!, juzga al mundo, porque tú eres el dueño de todas las naciones.

Oración para afrontar las desgracias imprevistas

Dichoso el que piensa en el necesitado; en el día de la calamidad le salvará el Señor.

El Señor le protege y le conserva en vida, y le hace feliz en la Tierra, y no le entrega a la voluntad de sus enemigos.

El Señor le socorre en el lecho del dolor; le alivia los dolores mientras yace enfermo.

Yo digo: «Señor, ten misericordia, de mí; sáname, porque te he ofendido».

Mis enemigos me desean males:

«¿Cuándo morirá y perecerá su memoria?»

 117

Murmuran a una contra mí todos mis enemigos, piensan contra mí cosas perniciosas:

«Se ha apoderado de él una peste maligna; y el que cayó en cama ya no se levantará.»

Hasta un amigo mío de quien me fié, que come mi pan, urdió contra mí una traición.

Y si viene a visitarme no habla sinceramente; en su corazón se acumulan iniquidades; y fuera, habla.

Mas tú, Señor, ten misericordia de mí y levántame, para retribuirles. En esto conoceré que me proteges, en que mi enemigo no triunfe a costa mía.

Me conservarás por mi integridad y me pondrás en tu presencia eternamente.

Bendito sea el Señor, Dios de Israel, por siglos de siglos. Así sea, así sea.

Oración para recobrar la memoria

Escucha, ¡oh, Dios!, con tus oídos mi plegaria, y no te apartes de mi súplica, atiéndeme y respóndeme.

Me agito alrededor gimiendo, perturbado por las amenazas del enemigo, por la opresión del inicuo; porque me sobrevienen males y con furia me asaltan.

Mi corazón se conturba en mi pecho, y pavor de muerte cae sobre mí.

Temor y espanto vienen sobre mí, y me cubre el horror.

Y digo: «¡Oh, si tuviera alas como la paloma, volaría y descansaría!

¡Cómo huiría lejos, lejos, y permanecería en el desierto!»

[Pausa]

Me buscaría pronto un refugio contra el torbellino y la tormenta. Disipa, ¡oh, Señor!, y divide sus lenguas, pues veo riñas y discordias en la ciudad, que día y noche merodean en torno a sus muros, y dentro de ella hay iniquidad y opresión.

En sus calles hay asechanzas, y de sus plazas no se apartan la injuria y la falsía.

Si me hubiera afrentado el enemigo, en verdad lo hubiera sobrellevado; si se hubiera levantado contra mí el que me odia, me hubiera guardado de él.

Pero era, por el contrario, un igual, amigo y familiar mío, con quien tuve dulce trato, anduvimos en la casa de Dios con dulce consorcio.

Caiga la muerte sobre ellos, desciendan vivos a los infiernos, pues hay maldades en sus habitaciones, en medio de ellos. Yo, en cambio, clamo al Señor, y el Señor me salvará.

Por la tarde y por la mañana y al mediodía, me lamento y gimo, y escuchará mi voz:

«Redime para la paz mi alma de los asaltos, pues muchos van contra mí.»

[Pausa]

Me escuchará Dios y les humillará, el sentado desde la eternidad, pues no cambian, ni temen a Dios.

Todos levantan sus manos contra aquellos con los que habían jurado paz y violan el pacto.

Su rostro es más blando que la manteca, pero su corazón es belicoso: sus palabras son más suaves que el aceite, pero son espadas desenvainadas:

«Confía tu cuidado al Señor. Él te sostendrá; no permitirá jamás que el justo vacile.»

Y tú, ¡oh, Dios!, los precipitarás en la tumba de la perdición.

Los criminales y fraudulentos no llenarán la mitad de sus días; mas yo espero en ti, Señor.

Plegaria para evitar los naufragios

Levántale Dios, dispérsanse sus enemigos, y huyen en su presencia sus adversarios.

Disípanse como se disipa el humo movido por el viento, como se derrite la cera ante el fuego así perecen los pecadores ante Dios; mas los justos alégrense y regocíjense en la presencia de Dios, y deléitense en la alegría.

Cantad a Dios, entonad salmos a su nombre, aplaudid al que cabalga sobre las nubes; cuyo nombre es Yah, y dad saltos de gozo ante Él, padre de huérfanos y tutor de viudas, Dios que habita en su santa morada; Dios prepara casa a los desamparados, lleva los cautivos a la prosperidad; sólo los rebeldes son dejados en tierra tórrida.

¡Oh, Dios!, cuando saliste al frente de tu pueblo, cuando caminabas por el desierto, tembló la tierra, los cielos también destilaron ante el Dios del Sinaí, ante el Señor, Dios de Israel.

Lluvia copiosa enviaste, ¡oh, Dios!, a tu heredad, y fatigada, tú la reanimaste.

Con ella restaurabas tu grey; con tus bienes proveíste al pobre, ¡oh, Dios!

El Señor anuncia la noticia, y es grande la muchedumbre de las que anuncian nuevas alegres.

«Reyes y ejércitos huyen a todo huir, y las que moran en casa reparten el botín. ¿Os estáis descansando en los apriscos? Una paloma de alas argénteas y con plumas amarillas como de oro, mientras el Omnipotente desbarata allí a los reyes, blanquea sobre el Salmón.»

Monte divino es el monte de Basá<n, monte escarpado es el monte de Basán.

¿Por qué miráis celosos, ¡oh, montes!, ¡oh, crestas!, al monte en que Dios se complació en morar?

¡Oh, sí; en él habitará el Señor siempre!

Los carros de Dios son miles y miles; el Señor, por medio de ellos, vino del Sinaí al santuario.

Subiste a lo alto llevando cautivos, recibiste tributos aun de hombres rebeldes, por habitar junto al Señor Dios.

¡Bendito sea el Señor! Todos los días se cuida de nosotros Dios, salvación nuestra.

[Pausa]

Dios nuestro es un Dios que salva; y el Señor Dios tiene en su mano los caminos que desembocan en la muerte.

En verdad, Dios quebranta las cabezas de sus enemigos, el cráneo del impío que vive en sus delitos.

Dijo el Señor: «Te sacaré de Basán, te reconduciré del fondo del mar; para teñir tu pie en sangre y las lenguas de tus perros tengan parte en los enemigos».

Contemplan tu cortejo, ¡oh, Señor!, el cortejo de mi Dios, rey mío, en el santuario.

Preceden los cantores, los últimos citaristas, en medio tocan tímpanos las doncellas.

A coros bendicen a Dios, bendicen al Señor los nacidos de Israel.

Allí está Benjamín, el más joven, precediéndolos; los príncipes de Judá con su séquito, los príncipes de Zabullón, los príncipes de Neftalí.

Despliega, ¡oh, Dios!, tu poder, tu poder divino que usas en favor nuestro.

Por tu templo, por Jerusalén, ofrézcante a ti presentes los reyes. Mira a la fiera del cañaveral, a la manada de toros con los novillos de los pueblos.

Ríndese con las láminas de plata, los pueblos se complacen en dar ofertas con largueza.

Vienen de Egipto con pingües dones, extiende Etiopía sus manos a Dios.

Reinos de la Tierra, cantad a Dios, salmodiad al Señor, aplaudid al que cabalga por los cielos más altos y antiguos; hace resonar su voz, voz potente.

Dad gloria a Dios; sobre Israel se cierne su majestad, y su poderío en el cielo.

Temible es Dios, desde su santuario; Dios de Israel, Él da poder y vigor a su pueblo.

¡Sea Dios bendito!

Oración contra la pereza

Señor, Dios mío, me refugio en ti; sálvame de todos los que me persiguen y líbrame de ellos; que nadie arrebate mi alma como león, y la despedace y no haya quien me libre.

Señor, Dios mío, si he hecho eso, si hay iniquidad en mis obras, si he procurado algún mal a quien me quería bien, yo que salvé a mis injustos opresores; persiga mi enemigo a mi alma y se apodere de ella, pisotee mi vida por el suelo, y arrastre mi honor por el fango.

[Pausa]

Levántate, Señor, en tu ira, yérguete con furor contra mis opresores, y levántate en mi defensa en el juicio que convocaste, y la asamblea de las naciones te circunde; siéntate en lo alto por encima de ella.

El Señor juzga a las naciones.

Devuélveme el derecho, Señor, según mi justicia y según la inocencia que mora en mí.

Cese la maldad de los impíos, y confirma al justo, tú, Dios justo, que escudriñas los corazones y las entrañas.

Mi defensa está en Dios, el que salva a los rectos de corazón. Dios es justo, y el Dios que conmina todos los días.

Si no vuelve a afilar su espada, a tender el arco y asestar.

Y les preparará dardos mortíferos, y hará incandescentes sus flechas.

He aquí que quien concibió vanidad anda preñado de malicia, y da a luz fraude.

Cavó y ahondó una fosa, pero cayó en la hoya que él
mismo hizo. Su malicia se volverá contra su cabeza,
y su violencia rebrotará sobre su cerviz.

Yo en cambio alabaré al Señor por su justicia, cantaré el
nombre del Altísimo.

Oración para tener paciencia

Bendeciré al Señor en todo tiempo; sus alabanzas siempre
en mi boca.

Gloríase mi alma en el Señor; oigan los humildes y alégrense.

Glorificad conmigo al Señor, y ensalcemos juntos su
nombre. Busqué al Señor y me escuchó, y me libró
de todos mis temores. Miradle a Él y estaréis radiantes, y vuestros rostros no se avergonzarán.

Clamó este miserable, y el Señor le escuchó, y le libró de
todas sus angustias.

El ángel del Señor asienta sus reales en torno a los que
le temen, y los salva.

Gustad y ved cuán bueno es el Señor: feliz el varón que
en Él se refugia.

Temed al Señor, ¡oh, santos suyos, pues nada falta a los
que le temen.

Los leones pueden sufrir penuria y hambre; pero los que
buscan al Señor no carecerán de nada.

Venid, hijos, escuchadme; y os enseñaré el temor de
Dios. ¿Quién es el hombre que desea la vida, y ama
los días para gozar de bienes?

Preserva tu lengua de lo malo, y tus labios de palabras
engañosas; huye del mal y haz el bien, busca la paz
y foméntala.

Los ojos del Señor miran a los justos, y sus oídos atentos
a sus clamores.

La faz del Señor está contra los malvados para borrar
del mundo su memoria.

Claman los justos y el Señor los escucha y los saca de
todas sus angustias.

El Señor está cerca de los de ánimo contrito, y salva a los
afligidos de espíritu.

Muchos son los peligros del justo; pero el Señor le libra
de todos ellos.

Él guarda todos sus huesos, y no se romperá ni uno solo.

La malicia conduce al impío a la muerte, y los que odian
al justo serán castigados.

El Señor libra las almas de sus siervos, y no será castigado el que en Él se refugie.

Oraciones al Espíritu Santo
Salmos para obtener gracias del Espíritu Santo

I

¡Bendice, alma mía, al Señor!

¡Señor, Dios mío, cuán grande eres!

Vestido estás de majestad y magnificencia tú, que ex-
tiendes la luz como un manto.

Tú extendiste el cielo como un dosel, y edificaste sobre las aguas tus palacios; haces de las nubes carroza tuya, y vuelas sobre las alas del viento; haces mensajeros tuyos a los vientos y ministros tuyos al fuego ardiente, cimentaste la tierra sobre sus bases, y no vacilará por los siglos de los siglos.

Cubrístela con el océano como con un manto, las aguas se posaron sobre los montes; al amenazarlas tú, huyen, al tronar tú se precipitan, mientras surgen los montes, se hunden los valles, al lugar que tú les señalaste.

Fijaste un límite que no pasarán, para que no cubran de nuevo la tierra.

Mandas brotar los arroyos por los valles, para que corran entre los montes; ellos dan bebida a toda bestia del campo, y sacian la sed del onagro; sobre ellas moran las aves del aire, y entre las ramas lanzan trinos; riegas los montes desde tus palacios, con el fruto de tus manos se sacia la tierra; produces forraje para los ganados, y la hierba para la servidumbre del hombre, para que saque pan de la tierra, y vino que alegre el corazón del hombre, para que luzca su cara con óleo, y el pan fortalezca el vigor del mortal.

Los árboles del Señor están llenos de jugo, como los cedros del Líbano que Él plantó, donde ponen el nido las aves, y la cigüeña edifica en lo alto su casa.

Los altos montes dan refugio a las gamuzas, y las piedras lo dan al damán.

Hiciste la Luna para señalar los tiempos, y al Sol le asignaste su ocaso.

Cuando formas las tinieblas y viene la noche, en ella vagan todas las bestias de la selva, los cachorros de leones rugen por la presa y piden a Dios su comida.

Al salir el Sol, se retiran y descansan en sus madrigueras.

Sale entonces el hombre a su quehacer, y a su trabajo hasta la tarde.

2

¡Cuántas son, Señor, tus obras!, todas las hiciste con sabiduría; repleta está la Tierra de tu riqueza.

Ahí está el mar inmenso y dilatado; allí vagan sin número animales pequeños y grandes, allí surcan las naves, y la ballena que creaste para que juegue allí.

Todos ésos esperan de ti que a su tiempo les des comida. Al dársela, la recogen; al abrir tu mano, sácianse de bienes. Si escondes tu rostro, se turban; si retiras tu espíritu, perecen y se vuelven a su polvo.

Si envías tu espíritu, son creados, y así se renueva la faz de la tierra.

Que la gloria de Dios sea eterna, y se alegre el Señor de sus obras, Él, que mira a la tierra, y la hace temblar, que toca los montes, y humean.

Cantaré al Señor mientras viva, salmodiaré a mi Dios mientras respire. Séanle agradables mis acentos; y yo me alegraré en el Señor. Desaparezcan de la Tierra los pecadores, y que ya no haya ni un impío. ¡Bendice, alma mía, al Señor!

Señor, escucha mi plegaria, por tu fidelidad atiende mi súplica, óyeme por tu equidad; no llames a juicio a tu siervo, porque ningún viviente es justo delante de ti.

¡Oh, sí!, mi enemigo persigue mi alma, abatió hasta el polvo mi vida, me colocó en tinieblas como a los muertos de siglos.

Mi espíritu desfallece en mí, mi corazón se paralizó en el pecho. Me acuerdo de tiempos antiguos, medito en todas tus obras, considero las obras de tus manos.

Extiendo mis manos hacia ti; mi alma, como tierra árida, tiene sed de ti.

[Pausa]

Óyeme pronto, Señor, pues mi espíritu desfallece; no me escondas tu rostro, pues sería semejante a los que bajan a la tumba. Haz que pronto sienta tu benignidad, pues confío en ti; hazme conocer por qué camino he de ir, porque a ti levanto mi alma. Líbrame de mis enemigos, Señor; en ti me refugio; enséñame a hacer tu voluntad, pues tú eres mi Dios.

Tu espíritu es benigno; él me guía por tierra llana; por tu nombre, Señor, consérvame en vida, por tu clemencia sácame de las angustias, y por tu bondad destruye a mis enemigos y aniquila a todos los que atribulan mi vida, pues soy tu siervo.

Oración al Espíritu Santo

Espíritu Santo: Tú que me aclaras todo, que iluminas todos los caminos para que yo alcance mi ideal. Tú que me das el don divino de perdonar y olvidar el mal que me hacen y que en todos los instantes de mi vida estás conmigo, yo quiero, en este corto diálogo, agradecerte por todo y confirmar, una vez más, que nunca quiero separarme de ti, por mayor que sea la ilusión material. Deseo estar contigo y todos mis seres queridos en la gracia perpetua. Gracias por tu misericordia para conmigo y los míos.

Novena al Espíritu Santo

Rezar durante nueve días seguidos
Por la señal […] Señor mío Jesucristo […]

ORACIÓN PARA TODOS LOS DÍAS

Espíritu Santo, divinísimo consolador de nuestras almas, fuego, luz y celestial ardor de los corazones humanos; si es para gloria de vuestra Majestad soberana que yo consiga lo que deseo y pido en esta novena, dignaos concedérmelo benignamente; y si no, enderezad mi petición a fin de que las gracias que me otorguéis sean para vuestra mayor gloria y bien de mi alma. Amén.

Día primero

Espíritu Santo, fuente viva de divinas aguas, que en la creación del mundo santificasteis las inmensas que cubrían la Tierra, y las del Jordán en el bautismo de Jesucristo, Señor Nuestro. Yo os suplico humildemente que seáis, en mi espíritu árido y seco, la sagrada fuente de aguas vivas que jamás se agote, y salte hasta la vida eterna, y concededme la gracia especial que os pido en esta novena, si es para mayor gloria vuestra y provecho de mi alma. Amén.

Tres Padrenuestros, Avemarías y Glorias a la Santísima Trinidad.

Oración

Espíritu de amor y de toda consolación, derramaos sobre nuestras almas, para ser en ellas principio y medio eficaz de conversión y perseverancia en la gracia. Reducid a los pobrecitos extraviados, alumbrad a los ciegos, levantad a los caídos, sostened a los vacilantes, alentad a los desmayados y consolad a los afligidos. Sed, ¡oh, divino Espíritu!, en los niños el primer amor de sus tiernas almas; en los jóvenes, moderador y guía de sus ardientes pasiones; en los ancianos, faro de inextinguible esperanza; en los moribundos, aurora de lumbre celestial que se refleje en sus ojos vidriados por la agonía […] Sostenednos a todos, vivificadnos, encendednos, regeneradnos, para que con Vos y con el Padre y el Hijo, gocemos de los frutos de vuestra gracia en la patria celestial. Amén.
Petición

Antífona

Ven, Espíritu Santo, llena los corazones de tus fieles, y enciende en ellos el fuego de tu divino amor.

V. Envía, Señor, tu Espíritu, y serán vivificadas todas las cosas.

R. Y renovarás la faz de la Tierra.

Oración

¡Oh, Dios! que has enseñado a las almas de los fieles con la ilustración del Espíritu Santo, danos el sentir rectamente según el mismo Espíritu y gozar siempre de sus consuelos. Por Cristo Nuestro Señor. Amén.

Día segundo

Espíritu Santo, que haciendo sombra con vuestra virtud altísima a la Purísima Virgen María, y llenándola al mismo tiempo de gracia, obrasteis de un modo inefable y omnipotente la obra infinita de la Encarnación del Verbo eterno en el seno virginal de vuestra celestial Esposa: haced sombra a mi alma, y concededme la gracia necesaria para que yo sea digno de recibir al mismo Verbo divino hecho hombre sacramentado por mi amor, y también la especial que os pido en esta novena, si es para mayor gloria vuestra y bien de mi alma. Amén.

Día tercero

Espíritu Santo, celestial paloma, que abriendo de par en par los cielos, bajasteis sobre Jesús ya bautizado en el Jordán, dándonos a entender, que desde el momento en que tomó la naturaleza humana habitaba en Él la plenitud de la Divinidad; bajad sobre la mía, pobre y miserable, y llenadla del don de sabiduría, de consejo, de entendimiento y fortaleza, de ciencia, de piedad y temor de Dios; y dadme la gracia que pido en esta novena, si es para mayor gloria vuestra y bien de mi alma. Amén.

Día cuarto

Espíritu Santo, nube lúcida que haciendo en el Tabor sombra a Jesús transfigurado y glorioso, ilustrasteis aquel santo monte, y amparasteis en su excesivo temor a los Apóstoles, comunicándoles después de la Ascensión de su divino Maestro mucha luz, fervor y gracia: ilustrad, proteged y fecundad mi alma para que yo sea digno discípulo de Jesús, y dadme la gracia que os pido en esta novena, si es para mayor gloria vuestra y bien de mi alma. Amén.

Día quinto

Espíritu Santo, suave viento que llenó el Cenáculo y dio fuerza y valor a los corazones de cuantos os esperaban orando fervorosamente unidos con un alma y un corazón: ocupad, ¡oh, Espíritu de vida y amor!, toda la casa de mi pequeño espíritu: mi memoria, mi entendimiento y mi voluntad; y dadme la gracia que os pido en esta novena, si es para mayor gloria vuestra y bien de mi alma. Amén.

Día sexto

Espíritu Santo, luz clarísima que ilustró el entendimiento de los santos Apóstoles, comunicándoles, como sol divino, toda la luz que necesitaban para su perfección y para la conversión del mundo: llenad, ¡oh, luz beatísima!, todos los senos tenebrosos de mi interior para que os conozca y os dé a conocer a todo el mundo; y concededme la gracia que pido en esta novena, si es para mayor gloria vuestra y bien de mi alma. Amén.

Día séptimo

Espíritu Santo, sagrado fuego que apareciendo visible sobre los Apóstoles el día de Pentecostés, inflamasteis divinamente sus corazones para que, abrasados en vuestro amor, encendiesen después a todo el mundo en las mismas sagradas llamas: encended en vuestros santísimos ardores mi corazón helado, a fin de que, abrasado en ellos mi espíritu, encienda en vuestro divino amor a cuantos hablare y tratare; y dadme la gracia que pido en esta novena, si es para mayor gloria vuestra y bien de mi alma. Amén.

Día octavo

Espíritu Santo, llama ardiente de caridad que con el fuego de vuestro amor, inflamando el corazón de los santos Apóstoles y de todos los hombres apostólicos, les comunicasteis el don de lenguas para la conversión del mundo: inflamad, ¡sagrado fuego de amor!, mi corazón y mi lengua para que siempre hable gobernado por vuestro espíritu, y fervoroso en la caridad, inflame a todos y mueva eficazmente a la observancia de vuestros divinos mandamientos; y concededme al mismo tiempo la gracia que pido en esta novena, si es para mayor gloria vuestra y bien de mi alma. Amén.

Día noveno

Espíritu Santo, caridad esencial que derramada en los corazones humanos los divinizáis, comunicándoles todas las divinas gracias que se incluyen en vuestros siete dones, y comprenden cuanto necesitan las almas para la vida espiritual. Difundios ¡oh, Caridad santísima!, en mi pobre y mezquino corazón para que pueda con el don de sabiduría juzgar acertadamente de todas las cosas de esta vida con relación a mi último fin; conozca con el don de Entendimiento las verdades reveladas y los preceptos de la Ley santa de Dios; sepa discernir con el don de la Ciencia los medios más conducentes al cumplimiento de mis obligaciones y a la perfección de mi estado; me ayude el don de Consejo a gobernarme con prudencia cristiana en todos los asuntos de mi alma en relaciona la vida eterna; el don de Fortaleza me haga superior a las tentaciones del mundo, demonio y carne, y a las penas y aflicciones de la vida; me anime y esfuerce el don de Piedad para todas las obras del servicio de Dios y bien de los prójimos; y con el don del temor de Dios, supla las deficiencias de mi amor, y me aparte con espanto del pecado y de todas las ocasiones de cometerlo.

Paráclito consolador, fuente viva y ardiente fuego de caridad. Encended en vuestras divinas llamas este mundo frío y helado con el frío glacial de la indiferencia, falta absoluta de fe y de vida sobrenatural. Concedednos tiempos tranquilos, y confirmad las gracias que durante la novena os hemos venido pidiendo si han de ser para gloria vuestra y salvación de nuestras almas. Amén.

[Lo demás como el primer día, menos la antífona en cuyo lugar se dice la siguiente.]

Hoy se completaron los días de Pentecostés, aleluya: hoy apareciéndose el Espíritu Santo a sus discípulos en lenguas de fuego les concedió sus preciosos dones; les envió por todo el mundo a predicar y ser sus testigos: el que creyere y se bautizare obtendrá la salvación, aleluya.

V. Hablaban los Apóstoles en varias lenguas, aleluya.

R. De la grandeza de Dios, aleluya.

Oración

¡Oh, Dios! que has instruido en este día los corazones de los fieles con la ilustración del Espíritu Santo: danos el sentir rectamente con este mismo Espíritu y gozar siempre de su consolación. Por Jesucristo Nuestro Señor tu Hijo, que vive contigo y reina en la unidad del mismo Espíritu Santo, Dios, por todos los siglos de los siglos. Amé

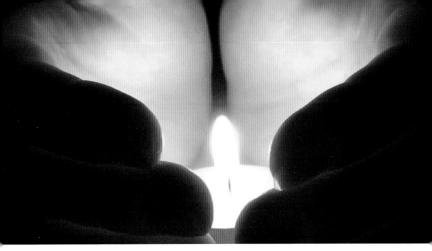

Índice

Parte I

Las siete oraciones misteriosas 7

    Domingo 9

    Lunes 10

    Martes.. 11

    Miércoles 12

    Jueves.. 13

    Viernes.. 15

    Sábado 16

Parte 2

Otras oraciones y plegarias 19

Plegaria para antes de emprender un viaje
    importante 21

Plegaria en la adversidad y contradicciones
    de la vida... 23

Plegaria en un grave peligro........................ 23

Salmo 18. Tras la curación de una
    enfermedad grave............................... 24

Oración contra las llagas y las úlceras.......... 26

Salmo 123... 26

Plegaria a San Roque contra cualquier
    enfermedad contagiosa 27

Plegaria contra los dolores de ojo................ 29

Plegaria contra las heridas.......................... 30

Plegaria a Santa Apolonia 30

Oración a San Carlomagno 32

La oración blanca de los niñitos................... 34

Plegaria al Espíritu Santo y a las Almas del
Purgatorio 36

Plegaria a la Santa Virgen 36

Plegaria a San José.................................... 37

Plegaria a San Antonio de Padua 39

Plegaria al mismo Santo 40

Himno a San Antonio de Padua................... 40

Salmo 11.. 42

Salmo 21.. 43

Plegaria para redimir a un alma descarriada 46

Salmo 67.. 46

Plegaria para defenderse contra todo
    enemigo conocido 50

Salmos 51 y 139 52

Salmo 51 52

Salmo 139 53

Salmo 25 y Cántico de Moisés 54

Salmo 25 55

Cántico de Moisés 56

Plegaria en virtud de la cual nadie puede
    dañarnos 59

Plegaria de San Benito 60

    Plegaria para ahuyentar de una habitación
    todo espíritu maligno o impedir todo
    ruido sospechoso 61

Plegaria contra la posesión y otros tormentos
    de los malos espíritus 62

Salmo 116 66

Salmo 90 67

Para tener una buena boda 68

Plegaria antes del sueño 69

Plegaria contra toda enfermedad 69

Oración de los treinta días 71

Oración de la gran virtud 75

Plegaria para una buena muerte
    y la salvación del alma 77

Plegaria para defenderse de las acusaciones
    injustas 78

Plegaria contra las adversidades 79

Plegaria para tener éxito en los negocios 81

Plegaria para realizar buenas alianzas 82

Plegaria para las almas que sufren
    en el más allá 83

Plegaria contra las falsas amistades 84

Plegaria contra la angustia 85

Plegaria contra la avaricia 86

Plegaria para los enfermos de cáncer.................. 87

Plegaria para aquellos que están cautivos 88

Plegaria para tener buen carácter 89

Plegaria contra las pesadillas 90

Plegaria contra las enfermedades del corazón...... 91

Plegaria para tener éxito en los negocios 92

Plegaria para aquellos que están
    convalecientes de alguna enfermedad............ 95

Plegaria contra los deudores
    o para recuperar las deudas 96

Plegaria para ser más disciplinado...................... 99

Oración para obtener toda suerte de dones........ 99

Oración para obtener un préstamo.....................100

Plegarias para tener hijos 101

Plegarias para defenderse de la locura 107

Oración para recuperar herencias 116

Oración contra las injusticias.............................117

Oración para afrontar las desgracias
    imprevistas 117

Oración para recobrar la memoria......................118

Plegaria para evitar los naufragios 120

Oración contra la pereza....................................123

Oración para tener paciencia 124

Oraciones al Espíritu Santo. Salmos para
    obtener gracias del Espíritu Santo.................125

Oración al Espíritu Santo...................................128

Novena al Espíritu Santo....................................129

Oración para todos los días 129